AF345507

HET VOUWBEEN VAN DE LEZER
OVER LITERATUUROPVATTINGEN

Patrick Peeters en Erik Spinoy (red.)

HET VOUWBEEN VAN DE LEZER
OVER LITERATUUROPVATTINGEN

Leuven
Uitgeverij Peeters
Paul van Ostaijen - instituut

© Uitgeverij Peeters, Bondgenotenlaan 153, B-3000 Leuven

ISBN 90-6831-887-X
D. 1996/0602/111

INHOUD

LEZEN MET EEN VOUWBEEN

Hugo BREMS
K.U.Leuven

In zijn korte opstel 'Het vouwbeen', uit de reeks 'Self-defence', biedt Van Ostaijen een criterium aan om goede schrijvers van slechte te onderscheiden: „let op het vouwbeen." „Ligt er op de lessenaar van de kunstenaar een vouwbeen, dan is hij een slechte kunstenaar; is er geen vouwbeen, dan behoort hij tot de goede." Hetzelfde geldt overigens voor de lezers. Het vouwbeen is een attribuut van de beroepsliteraat en van de literatuurdilettant, beiden, om uiteenlopende redenen, slechte lezers.

Dit boek is geschreven door beroepsliteraten, mét vouwbeen, en overigens ook met 'kladpapier' en 'gomelastiek', kortom met het hele instrumentarium waarover de moderne literatuurwetenschap beschikt om veeleer te onderzoeken dan te lezen. Zij speuren naar het verborgen vouwbeen van de schrijver, naar zijn impliciete of intuïtieve uitgangspunten. „De goede kunstenaar", schrijft Van Ostaijen, „is toevallig in de poëzie gekomen. Hij heeft het geval niet voorzien, evenmin als de strandwandelaar voorzien heeft dat hij in zee zou moeten springen om de onvoorzichtige bader te redden. De strandwandelaar is niet in badkostuum. De goede kunstenaar, die het geval niet voorzien heeft, is zonder vouwbeen, zonder kladpapier en zonder gomelastiek."

De slechte lezer, die de goede onderzoeker is, vraagt zich af waarom de strandwandelaar in zee sprong in plaats van gewoon door te lopen. Hij kijkt naar de bewegingen van de zwemmer, zijn reddingstechniek, zijn ademhaling. Hij leert hem beter te begrijpen. De slechte lezer is de lezer die, voor de duur van het onderzoek, zijn lectuur opschort, om daarna beter te kunnen lezen.

In dit boek zijn de herwerkte, aangevulde teksten opgenomen van de lezingen die werden gehouden op het eerste colloquium, over literatuuropvattingen, van het 'Paul van Ostaijen-instituut. Centrum voor de studie van de literatuur in Vlaanderen sinds 1916'. Dat colloquium vond plaats aan de Faculteit Letteren van de K.U. Leuven, op 23 februari 1996, één dag na de 100e verjaardag van de geboorte van Van Ostaijen. Vandaar ook het relatief grote aandeel van bijdragen over de dichter.

Uit een analyse van de structuur van *De Feesten van Angst en Pijn* leidt Paul Hadermann conclusies af in verband met de rol van die bundel in Van Ostaijens zoektocht naar een autonome, ontindividualiseerde dichtkunst. Thomas Vaessens onderzoekt welke de, nogal ambigue, positie is van de dichter in, naast of tegenover de tradities van romantiek en modernisme. In zijn analyse van de begrippen 'conceptie' en 'techniek' sluit Erik Spinoy, die Van Ostaijen als literatuurcriticus hanteert, rechtstreeks aan bij het vouwbeen. Hij laat onder meer zien hoe voor Van Ostaijen 'wil en realisering', voorstelling en uitwerking een eenheid dienen te vormen. Odile Heynders opent haar bijdrage met een ietwat polemisch pleidooi voor een herwaardering van het interpreterende lezen, waarbij de kwestie van het vouwbeen nooit ver weg is; een stelling die zij vervolgens concretiseert in een confrontatie van Van Ostaijen en Van Gogh. De historisch-objectiverende benadering, waartegen zij zich enigszins afzet, staat dan weer centraal bij Gillis J. Dorleijn, die onderzoekt hoe Van Ostaijen rond 1930 in Nederland het literaire veld is binnengekomen en wat daaruit valt af te leiden inzake de literatuuropvattingen van de samenstellers van bloemlezingen.

Twee opstellen in dit boek hebben niets met Van Ostaijen te maken, ook al zijn ze met het vouwbeen in de hand geschreven. Patrick Peeters werpt nieuw licht op de literatuuropvatting van Jan Walravens en diens concept van 'de morgen', door een grondige lectuur van Walravens' opstel 'Mislukt in de morgen. Een essay over de betekenis van Sade', en Jan Schoolmeesters gaat na hoe de receptie van de poëzie van Jos de Haes door onder meer Westerlinck, Spillebeen en recente dichters als Beurskens en Nolens, een index is van wisselende literatuuropvattingen.

Dit boek gaat dus over literatuuropvattingen en het gaat voor een flink stuk ook over Van Ostaijen; maar vooral laat het zien hoe de diversiteit van invalshoeken (analyse van concepten en metaforen, van interne en externe poëtica, interpretatie en onderzoek naar beeldvorming, receptie en structuuranalyse) in de hedendaagse literatuurstudie elkaar aanvullen en verrijken.

*   *   *

Noot van de samenstellers

Alle citaten uit het werk van Van Ostaijen zijn ontleend aan de vierdelige uitgave van het Verzameld werk, in 1979 uitgegeven door Bert Bakker in Amsterdam. Na elk citaat wordt tussen ronde haken eerst het boekdeel vermeld en, na een dubbelepunt, het paginanummer.

OVER DE STRUCTUUR VAN
DE FEESTEN VAN ANGST EN PIJN

Paul HADERMANN
V.U.Brussel

Vergeleken met *Music-hall, Het Sienjaal* en *Bezette Stad* lijken *De Feesten van Angst en Pijn* op het eerste gezicht nogal losjes gebouwd. *Music-hall* valt inderdaad uiteen in drie streng gescheiden cyclussen, waarvan de eerste het chronologisch verloop van de voorstellingen in een music-hall volgt, de tweede de evolutie van een liefdesverhouding weerspiegelt en de derde een aantal diverse verzen groepeert. *Het Sienjaal* vertoont eveneens een drieledige bouw, die dienstbaar wordt gemaakt aan een zo efficiënt mogelijk over te dragen humanitaire boodschap: de 'Liederen van het werkelike leven' getuigen van een kentering in de levenshouding van de dichter, die zich voortaan, evenals zijn kunstenaarsideaal Van Gogh, aan wie hij een lang gedicht wijdt, naar het volle leven wendt; 'Ik en de stad' schept een sfeer van collectieve verwachting en tastend verlangen, waarna uiteindelijk, in de derde cyclus, 'Het Sienjaal' wordt gegeven tot een innerlijke zuivering en een pacifistische wereldrevolutie. Op zijn beurt getuigt deze cyclus, die zijn naam aan de gehele bundel heeft geschonken, van een progressieve verruiming van de ideologische inhoud: de eerste twee gedichten, 'Golgotha' en 'Zaaitijd', laten de „wijde wind van opstanding" (I:136) over Vlaanderen waaien; het volgende, 'Aan een Moeder', ontwikkelt zich op een algemener vlak tot een requisitoir tegen de oorlog en het laatste gedicht, waarvoor Van Ostaijen ten derden male de titel 'Het Sienjaal' koos, heft na een crescendo van expansieve metaforen het alles overrompelende „glorielied van de Internationale" (I:147) aan, waarin elk mens de ander begroet als „Mijn zonnebroer, mijn zonnekind" (I:149). Het hele *Sienjaal* is aldus dankzij zijn crescendo-structuur één grote aanloop tot de climax van de finale.

De formule van *Bezette Stad* staat weer dichter bij die van *Music-hall*, in die zin dat ook hier een chronologische voorstelling van feiten aan de volgorde van de gedichten ten grondslag ligt: na de opdracht komt de bedreiging van de stad, dan de aanval van de Duitsers, de bezetting met haar 'Nomenklatuur van verlaten Dingen' (II:65), het gedeeltelijk herleven van de stad in het trieste nachtplezier van de cyclus 'De Kringen naar binnen', waarop 'De Aftocht' (II:137) van het Duitse leger en de feestelijkheden van de bevrijding volgen.[1]

In *De Feesten van Angst en Pijn* ontbreekt zo'n eenheid schijnbaar. Weliswaar brengt het allerlaatste vers, 'Angst een dans', een diminuendo dat het ontworden van alle fenomenen in een kleine vlam ook door de afnemende grootte van de letters weerspiegelt. Doch die uiteindelijke eenheid in de vernietiging wordt voorafgegaan door een nogal disparate reeks van lyrische ervaringen. Nu eens zegeviert het geweld, dan weer passieve angst. Op een barbaarse dans volgt een fatalistisch lied. Een 'In Memoriam' maakt plaats voor een masochistisch 'Vers'. Na een mystieke belevenis die alle waarden relativeert, komen twee 'landelike gedichten', en daarna opeens de uiteindelijke dans naar het ontworden.

Bovendien dragen enkele gedichten dezelfde titel, maar telkens van een ander nummer voorzien. De daardoor ontstane volgorde wordt echter systematisch onderbroken: op de 'Prière Impromptue 1' volgen drie gedichten die er niets mee te maken hebben, en pas daarna komt een 'Prière Impromptue 2', waarna men opnieuw vijf gedichten lang moet wachten eer de 'Prière Impromptue 3' verschijnt. Ook de opeenvolging van de met 'Vers' betitelde gedichten wordt onderbroken: 'Vers 2' wordt gevolgd door 'Metafiziese Jazz', 'Prière Impromptue 2' en 'In Memoriam Herman van den Reeck', en pas daarna wordt de reeks voortgezet, van 'Vers 3' tot 'Vers 6'.

Van Ostaijen was er nochtans de man niet naar om zijn gedichten zomaar lukraak aan elkaar te rijgen. Borgers heeft overigens aangetoond dat de ontstaansdata van de Verzen 1 tot 6 totaal anders liggen dan de nummering en de volgorde ervan in de bundel laten veronderstellen.[2] De ontstaansgeschiedenis van die teksten heeft Borgers op overtuigende wijze gereconstrueerd. Mij is het erom te doen de innerlijke, poëtische logica van Van Ostaijens definitieve rangschikking in de bundel bloot te leggen.

Dat het boek een disparater karakter vertoont dan de andere wordt reeds door de pluralis van de titel gesuggereerd: Van Ostaijens overige dichtbundels, ook het niet tot stand gekomen *Eerste Boek van Schmoll*, hebben titels in het enkelvoud. Dat de lezer een grotere verscheidenheid te wachten staat dan in het in 1920 geschreven en in 1921 uitgegeven *Bezette Stad* kan men ook opmaken uit de langere tijdspanne waarin *De Feesten* zijn ontstaan: de datering 1918-1921 was expliciet door Van Ostaijen onder de titel voorzien, op het omslag van het aan Oscar Jespers toevertrouwde handschrift.

Angst en pijn bepalen in elk geval de tonaliteit van het hele boek. Maar waarom is er sprake van 'Feesten'? Het hadden a priori evengoed bijvoorbeeld 'Uren' of 'Dagen' kunnen zijn.

1°) De titel *Feesten van Angst en Pijn* kan betekenen dat het om een climax gaat: angst en pijn vieren hier hoogtij, ze houden feest in de psyche van de dichter. Mogelijk heeft Van Ostaijen hierbij aan de 'Fêtes de la faim' uit Rimbauds *Illuminations* gedacht.

2°) Verschillende gedichten verwijzen reeds door hun titel naar iets feestelijks: 'De Marsj van de hete Zomer', 'Maskers', 'Barbaarse Dans', 'Angst een dans'. Ze roepen primitieve rituelen of uitzonderlijke gebeurtenissen op. Een thema dat vaak terugkeert en uiteraard tot de wereld van het feest behoort, is de dans: de witte novemberkinderen dansen gemaskerd op de daken; buiken en borsten dansen in de zon van 'De Marsj van de hete Zomer', waarin zelfs de glimwormen op het einde hun groen-blauwe liefdesspel dansen; de priesteres uit 'Barbaarse Dans' voert een dans uit die in zelfmoord uitmondt; de schreden van de danseres „vallen op het hart" in 'Vers', de homo's dansen in de bars van 'Vers 2'; de 'Metafiziese Jazz' wordt geritmeerd door „dansmuziek van latten"; de bezeten hond danst voor de maan in 'Land Avond'; de zwaluwen zijn koorddansers in 'Land Rust'; en al dansend storten zich alle fenomenen naar het „ontworden" toe in 'Angst een dans'.

3°) De titel kan ook worden beschouwd als een voorbeeld van Van Ostaijens voorkeur voor contrasten, die aan een diepere trek van zijn persoonlijkheid beantwoordt. Men denke aan het samengaan van centrifugale en centripetale neigingen in zijn lyriek (cf. Hadermann 1965:62-96, 122-148), aan de 'dynamiek' van zijn gedichten die zowel de op analogie gebaseerde associatie als het 'antagonisme' tussen de beelden uitbuit, aan de manier waarop stad en land contrasterend én complementair tegenover elkaar worden gesteld: „Het razende leven van de stad zal ons doen haken naar een glas frisse melk in een landelike herberg genoten" (IV:50).

Over zichzelf vertrouwde Van Ostaijen in 1920 Peter Baeyens toe dat hij goed en kwaad, innerlijkheid en uiterlijkheid, godsdienstigheid en blasfemie, nuchtere objektiviteit en temperament, tegelijk en „contrapuntaal" wou beleven (Borgers 1971:291-295). Want, schreef hij hetzelfde jaar in 'Wat is er met Picasso': „Alles (sic) subjektieve en objektieve hoort tot éénzelfde fenomenaliteit. Reeds op weg naar een indifferenter standpunt" (IV:113). Zoals ik in *Het vuur in de verte* heb aangetoond, herinnert deze (ook in een opstel over Campendonk vermelde) indifferentie — die niets te maken heeft met onverschilligheid — aan de theorieën van de Berlijnse filosoof Friedlaender (alias Mynona) met wie Van Ostaijen bevriend was. Het hoogste stadium dat de mens in de toekomst zal nastreven, is volgens Friedlaender dat van de *schöpferische Indifferenz*, een oogpunt van waaruit geen contradicties meer waar te nemen zijn, of beter gezegd, een toestand waarin alle tegenspraken tot een soort van gespannen synthese der extremen worden samengebald in het individu, dat daardoor precies boven het individuele gaat uitstijgen (cf. Hadermann 1970:221 e.v.).

Door pijn en feestelijkheid onder één noemer te brengen, bereidt Van Ostaijen de lezer misschien voor op de totale relativering van alle waarden die hij in de laatste 'Prière Impromptue' zal bereiken, en tevens op de 'ontindividualisering' die hij voortaan in zijn lyriek zal beogen, zoals uit 'Vers 6' valt op te maken.

4°) *De Feesten van Angst en Pijn* zijn ook de feesten van het Woord, in de dubbele betekenis die wij aan dit Woord mogen schenken, de metafysische en de literaire. De dans van de priesteres met wie de dichter zich in 'Barbaarse Dans' identificeert,

eindigt met de zelfmoord van „HET DOODVERLANGENDE LIJF". De dans
van alle fenomenen loopt in 'Angst een dans' op een volledig „ontworden" uit, dat
wordt gelijkgesteld met een opgaan in de „VLAMMENDE LOGOS". In beide
gevallen wordt een transcendente toestand nagestreefd, die een einde maakt aan
het individuele bewustzijn ('Barbaarse Dans') en aan de fenomenaliteit der dingen
('Angst een dans'). De dichter noemt in 'Barbaarse Dans' zijn eigen fantasma's
„priesteressen die uit mij komen", en richt zich aldus tot hen: „gij allen die een en
veel zijt voeten vingers buik". Alle zintuigen van de danseres wier dans hij tot de
zijne maakt, alle danseressen, slangen, duiven en andere „silhouetten" worden
daarna opgenomen in een lach van het dansende 'ik'. Het is een absolute lach, de
essentie van de lach:

> Ik LACH
>> ik lach niemand
>> zelfs niet mij zelf
> mijn lach is zó
>> ik lach
>> ik ben gelukkig
>
> het wonder mijn lach niet te begrijpen

Daarop steekt de dichter-danseres de frisse dolk tussen zijn/haar borsten. Op
komisch relativerende wijze verdwijnt hij/zij ook letterlijk achter de schermen:

> draag mij weg   zolang
>> mijn lijf   warm is

In 'Angst een dans' danst hetzelfde lichaam, „mijn voor angst van het woord bange
lijf", met alle vormen mee naar het „ENE GETAL", de „OERVORM", het
„WOORD", de „Vleesgeworden LOGOS" toe, om er in de uiteindelijke vlam op
te branden. Deze triomf van de Logos bekroont en vervult het in de 'Prières Impromptues' uitgedrukte verlangen naar de extase, naar „HET WONDER".

De fundamentele ambiguïteit van *De Feesten van Angst en Pijn* berust op de
twee betekenissen die wij aan „het WOORD" kunnen geven: naast de religieuze
bestrevingen van de „laatste katoliek" (I:229) zoals hij zichzelf ironisch noemt,
moeten wij ook rekening houden met zijn streven naar dichterlijke authenticiteit,
in een tijd waarin hij zich wil losmaken van het humanitair expressionistische
pathos en het individuele sentiment, die hij voortaan als „buiten-lyriese hoge-
borst-zetterij" (IV:330) zal beschouwen. De „Logos" krijgt dus ook de poëtische
betekenis van het zuivere, eenvoudige Woord dat van al het retorische, bijkom-
stige wordt ontdaan om in zijn expressieve, geconcentreerde sonoriteit het „Wonder van de uitdrukking" te vertolken. De ascese die de would-be mysticus zich
oplegt, is ook die van een dichter die op zoek gaat naar de kern van zijn poëtische
zelf. Vandaar verzen als „Ik leg / al het dragen van valse juwelen af / (...) Ik leg de

schone kleren af / besef het valse sieraad" (I:213); „Ik zou willen naakt zijn"
(I:230); „Ik wil beproeven / naakt te zijn" (I:231).

Het nieuwe begin ligt precies in het besef van het echec:

> Ik zal beginnen mijn débâcle te geven
> ik zal beginnen mijn faljiet te geven
> ik zal mij geven een stuk gereten arme grond
> > een vertrapte grond
> > een heidegrond
> > een bezette stad

> Ik wil bloot zijn
> > en beginnen (I:232)

De debacle en het nieuwe begin horen aldus bij elkaar: de bundel *Bezette Stad*,
waarop 'Vers 6' zinspeelt, is daar de concretisering van. Maar ook *De Feesten* zijn
dat reeds, hoewel het oude 'ik' er ondanks alles nog aanwezig blijft, al was het
maar om met zichzelf af te rekenen en daar getuigenis van af te leggen. Formeel
gesproken is het feest van het Woord hier dan ook nog niet volledig geslaagd —
maar is dit, alles welbeschouwd, niet eveneens het geval met de mystieke extase?

Twijfel of zelfs wanhoop blijven die metafysisch-poëtische worsteling ondermijnen:
de barbaarse danseres vraagt zich af: „vergis ik mij niet / bij dit laatste ritme"; het
door knaagtanden gepijnigde 'ik' wordt in het 'Fatalisties Liedje' een wrak dat zich
doodworstelt; nu eens valt de kelk van leed die het van God geschonken krijgt uit
zijn „kinderhanden", dan weer wordt het in een stinkende woestijn tussen „Kristus"
en „Dionysos" gekaatst (cf. Hadermann 1995:56-65).

Precies deze tegenstrijdige bewegingen en die ambiguïteit bepalen de bruuske om-
keringen en de onverwachte toonverschuivingen van de structuur van *De Feesten*.
Deze feesten zijn ook een „tale of sound and fury", zoals op het eerste gezicht op
te maken valt uit de chaotische bladspiegel, waarop de woorden (of onomatopeeën)
in zwarte, bruinrode of blauwe inkt vaak aan een sint-vitusdans onderworpen
worden, af en toe wel eens een sierlijke arabesk beschrijven, maar meestal tegen
elkaar aanbotsen of ons met reusachtige letters in het gezicht worden geslingerd.
De eerste drie gedichten zijn duidelijk als een agressie tegen de lezer bedoeld.
Bruut geweld in 'De Moordenaars', fantastische monsterachtigheid en heilig-
schennis in 'Maskers' en ongebreidelde erotiek in 'De Marsj van de hete Zomer'
scheppen meteen een sfeer van angst, geweld of baldadig genot.

Het eerste gedicht confronteert ons onmiddellijk met de ogen en de stappen
van een groep moordenaars, even onrustwekkend als de eerste beelden uit *A
Clockwork Orange*, die ons voorbereiden op een intrige die zich via moord en dief-
stal mechanisch ontwikkelt onder het feuilleton-vale licht van de gaslantaarns.

De sabbat waaraan zich in 'Maskers' op besneeuwde daken kleine roodgemas-
kerde kindergeraamten overgeven — één steekt zijn vader een oog uit „dat voort

sprong op het waanzinwitte dak" —, herinnert aan de demonische schepsels van Ensor: „de laatste van de bende sleept Kristus bij de voeten / die naakt op de sneeuw zal boeten moeten".

De hinnikende begeerte, het bloed, de stampers en de fallussen waarmee 'De Marsj' inzet, monden uit in een waanzinnige sfeer van hitte en droogte waarin de dichter opeens de wens uitdrukt Christus te zijn, maar onmiddellijk daarna gefascineerd wordt door vrouwenkleren en „benen die te bijten zijn". Contrapuntisch brengt de avond een zekere rust met de „zang van nachtegaals en padden", die bij de lezer een idyllisch verwachtingspatroon schept. De dadaïstisch aandoende advertentiestijl van de slotzin doet dat effect echter teniet:

HUIS
SNIJDT
MAAN
ZACHT HOLLANDSE KAAS

In 'De Moordenaars' en in 'Maskers' komt de dichter zelf niet tussenbeide. Hij registreert eenvoudig een reeks 'normale' (of fantastische) fenomenen, als stille alwetende getuige. 'De Marsj van de hete Zomer' begint daarentegen met een grillige aaneenschakeling van beelden die meer op een subjectieve arabesk van associaties dan op een objectieve waarneming berust. „BLOED" is het eerste woord. Daarop volgt „kersen vallen". Zijn het de kersen die het beeld van het bloed hebben doen ontstaan of omgekeerd? De daarna verschijnende „Kinderlippen" werden waarschijnlijk door de rondheid en de roodheid van kersen opgeroepen, waarna dit rood onverwacht aanleiding geeft tot „rode maandstonden van de Zon". Als in een kettingreactie volgen daarop witte kersen, vrouwenbuiken, vrouwenborsten, rode klaprozen, witte vlam, rode brand, wiegende vrouwenheupen, tot opeens — „BAM!!" — de hijgende cavalcade van de begeerte losbreekt, met af en toe een ontspanning waar oasen, regen en vruchten voor zorgen. De dynamiek van associatie en antagonisme draait hier op volle toeren, tot onverwacht, en voor de eerste keer in het gedicht én in de bundel, het 'ik' van de dichter expliciet naar voren treedt: „Giet God / warme zink op *mijn* lippen die dorstig zijn" (cursivering van mij), waarna de passage komt over het Christus-willen-zijn.

Van nu af zal het 'ik' in bijna alle gedichten naar voren treden, met slechts af en toe een onderbreking. De 'Barbaarse Dans' begint nog 'objectief' met de weergave van exotische ritmen („Holoho holoho" enz.) en beelden („Slingeren Slangen door de Stilte"). Weldra verschijnt de dansende vrouw die door de dichter wordt bewonderd en aangesproken. Zijzelf heeft het dan in de ik-vorm over haar armen, haar ogen, haar lijf, maar weldra wordt die ik-vorm naar de dichter-voyeur overgeschakeld, wat met een opzettelijk verwarringstichtende syntaxis gepaard gaat:

> Ik die schouw het lief dat danst
> en dat ben ik
> die danst hem die schouwt
>
> en dat ben ik

Daarna wordt die identificatie tot het einde doorgevoerd.

Helemaal subjectief is de in de ik-vorm afgelegde biecht van het 'Fatalisties Liedje'. De angst en de pijn van de dichter dreigen er op aliënatie uit te lopen: „mijn stem / klinkt slechts ver / niet mijzelf". Toch blijft hier nog een zwak gemeenschapsgevoel voortbestaan; naast 'ik' bestaat er nog een 'wij' — „wij zwalpen / op zee / (...) is er dan geen aziel voor wrakke mensen" — en een 'gij' — „schommelend lied / ik en gij / ebbe en vloed". Beide voornaamwoorden, gij en wij, zullen uit de andere gedichten verdwijnen.

Na de vaststelling van zijn wrak-zijn gaat Van Ostaijen zijn innerlijke problematiek voornamelijk langs twee wegen uitdrukken, die gemakkelijk te herkennen zijn aan de titels van de verzen: aan de ene kant zullen de 'Prières Impromptues' — die aanvankelijk 'Improvisaties' heetten — zijn mystiek verlangen telkens hoger laten oplaaien, en aan de andere kant zullen de 'Vers'-gedichten zijn verscheurde zinnelijkheid en zijn wanhoop of, in het spoor van het 'Fatalisties Liedje', zijn onmacht uitschreeuwen.

Als twee tegen elkaar opklimmende stemmen zullen 'Prières Impromptues' en 'Verzen' op onregelmatige wijze alterneren of door andere teksten onderbroken worden: het is alsof de dichter constant tussen twee uitersten geslingerd wordt en af en toe naar herademing snakt. De 'onderbrekende' gedichten zorgen voor distantiëring. Opvallend is daar de afwezigheid van het in de 'Prières' en de 'Verzen' overal aan het woord zijnde 'ik'. De thematiek blijft wel met die van de rest van de bundel verwant, maar ze wordt evenals in de openingsteksten van het boek objectiever voorgesteld, hoewel ze in het verlengde van de 'subjectieve' gedichten staat. Zo volgt op de wanhoop en de wroeging van 'Vers 2' een gesyncopeerde 'Metafiziese Jazz' waarvan het leidmotief — „The Lord is my Life" — de 'Prière Impromptue 2' aankondigt, waarin de dichter verklaart dat hij de weg wel weet maar dat „het licht van God" hem nog niet „omhult". In het 'geobjectiveerde' 'In Memoriam Herman van den Reeck' verneemt men een echo van deze 'Prière Impromptue 2' in de zinspeling op de ziel en het „onblusbare LICHT". Tevens bereidt dit aan een slachtoffer van het staatsgeweld gewijde 'In Memoriam' de lezer op 'Vers 3' voor, waar woedende „Verzen Vallen / Vuisten op / Venstervlak".

Daarna volgen de Verzen 4, 5 en 6 elkaar direct op: de negatieve, vernietigende vloed valt niet meer te stuiten. 'Vers 3': „alles in mij / aan stukken rijten / tot het / lijf in / lompen hangt". 'Vers 4': „Lalla / lallen / Lalla / lallen / lillen (...) ik wordt gespannen / jij jij jij / wie is jij / (...) wat / ik wil ademen / ik wil een VIS zijn". 'Vers 5': „moeder hier / zit / de veelbelovende knaap (...) een bittere smaak is mijn tong (...) ben ik een zoon / ik ben een dochter! / ik ben bang". 'Vers 6': „Ik kan geen postzegels verzamelen (...) ik kan niets meer". Maar die negatieve balans eindigt met het reeds vermelde „ik wil bloot zijn / en beginnen", waarna de 'Prière Impromptue 3' de krachten van opgaan en vallen gelijkstelt in de relativering van alle waarden.

Het 'ik' heeft nu de hoogvlakte bereikt van waaruit het Gods licht ziet: „Gij zijt neergang / zoals Gij / opgang / zijt / Gij zijt WAARDELOOS". Maar het voegt eraan toe: „Nog sta ik gesnoerd aan de / BOOM VAN GOED EN KWAAD".

De hiaat tussen de 'Prière Impromptue 3' en de 'twee landelike gedichten voor Heinrich Campendonk' valt moeilijk te verklaren, te meer omdat daarna het laatste gedicht, 'Angst een dans', weer aanknoopt bij de thema's van de mystieke dans en het ontworden in Gods licht. Misschien achtte Van Ostaijen zijn derde gebed wat te hoogdravend of te strak gespannen zodat hij nog net voor de finale een anticlimax wou plaatsen? Toch springen de 'twee landelike gedichten' waaruit het 'ik' opnieuw is verdwenen, niet helemaal uit de band: in 'Land Avond' tovert het lamplicht Inkasteden op de vlakke weide, die herinneren aan de 'zonnecultus' van 'De Marsj van de hete Zomer'. Deze steden zijn waarschijnlijk slechts weerspiegelingen van lichteffecten op de ruit en staan dus gelijk met het schimmenspel der fantasma's, die evenals de „dansende hond" en de „in maan ontworden boom" in de kolk van de uiteindelijke dans zullen worden opgeslorpt. Wellicht brengt de boom bovendien nog een echo op de boom van goed en kwaad uit de 'Prière'.

Van Ostaijen objectiveert zijn subjectieve onrust en zijn wil tot 'ontworden' hier in de natuur, zoals hij algemener zijn problematiek op de *Bezette Stad* projecteert. Het enige werkelijk rustige en serene gedicht uit *De Feesten* is 'Land Rust', waar het „vanzelfsprekend wonder" van de avond geluidloos over het landschap zijn „kleurigheid" in opaal oplost.

Na deze stilte breekt de laatste dans los in 'Angst een dans'. Evenals in de 'Barbaarse Dans' komt het 'ik' hier niet onmiddellijk aan bod. De dans wordt eerst als een alomvattend ritme voorgesteld dat „alle schijnverschijnselen (...) van geboorte licht / naar / duisternis / en dood" meesleept. Pas op de vierde bladzijde herinnert „mijn dansende lijf" aan het subjectieve standpunt van de 'Verzen' en de 'Prières'. Even voor het einde worden onder andere fenomenen dit „meelaaiend lijf" en „mijn dans vol / Angst" nog eens vermeld in een laatste kleine „VLAM". Het 'ik' dat in de 'Verzen' en de 'Prières Impromptues' op de voorgrond stond, wordt in dit laatste gedicht herleid tot één van de kortstondige verschijnselen die in het niets verzinken. Het objectieve standpunt heeft het subjectieve overwonnen.

Het proces van de 'ontindividualisering' wordt aldus in *De Feesten* daadwerkelijk geïllustreerd: na het reeds objectief gehouden preludium van 'De Moordenaars' en 'Maskers' is het 'ik' in 'De Marsj van de hete Zomer' en in 'Barbaarse Dans' stilaan, en voornamelijk als een haard van dionysische zinnelijkheid, naar de oppervlakte gekomen om vanaf 'Fatalisties Liedje' de protagonist te worden van een tweestrijd tussen enerzijds de individuele erotiek, de wanhoop en de aliënatie van de zogenaamde 'Verzen' en anderzijds de drang tot vergeestelijking van de 'Prières Impromptues'.

De Feesten van Angst en Pijn zijn op die manier de neerslag van een zelfstrijd waarvan ze de etappen weerspiegelen, na een ouverture die de toon aangeeft. Het filosofisch-mystieke aspect mag dan in zijn vrij abstracte formuleringen weinig overtuigend klinken, de vorm, de grafie, het rauwe, gebalde taalgebruik, het weglaten van al het overtollige in de zin, het afschaffen van de vergelijking ten bate van het zelfstandige beeld, dit alles wijst er ondubbelzinnig op dat Van Ostaijen hier een nieuw lyrisch standpunt heeft veroverd. Dat standpunt sluit aan bij de ten dele aan het futurisme ontsproten, geconcentreerde *Wortkunst* van Stramm en *Der Sturm*. Van Ostaijen legt echter meer de nadruk op de grafische expressiviteit van het woord om de 'sonoriteit' ervan aanschouwelijk te maken.

Door hun contradicties, hun schijnbare aarzelingen tussen (of opzettelijke juxtaposities van) subjectieve en objectieve, episch-beschrijvende en dynamisch-associatieve teksten, hun talrijke toonverschuivingen, maar ook door een voluntaristische, weloverwogen architectuur slagen *De Feesten* er paradoxaal in de weg te banen naar een autonome, 'ontindividualiseerde' dichtkunst via een reeks gedichten die precies een individuele crisis blootleggen.

Noten

[1] Over de structuur van *Bezette Stad*, cf. Bogman (1991).

[2] Er bestaat nog een ander, onvolledig handschrift van *De Feesten van Angst en Pijn*, waarin ook enkele stukken voorkomen die in de definitieve versie werden weggelaten. De volgorde van de bewaarde gedichten is er dezelfde als in het definitieve, aan Oscar Jespers opgedragen manuscript (I:274 e.v.).

Literatuuropgave

Bogman, Jef (1991), *De stad als tekst. Over de compositie van Paul van Ostaijens „Bezette Stad".* Rotterdam 1991, Van Hezik-Fonds 90.

Borgers, Gerrit (1971), *Paul van Ostaijen. Een documentatie.* Den Haag 1971, Bert Bakker.

Hadermann, Paul (1965), *De kringen naar binnen. De dichterlijke wereld van Paul van Ostaijen.* Antwerpen 1965, Ontwikkeling.

Hadermann, Paul (1970), *Het vuur in de verte. Paul van Ostaijens kunstopvattingen in het licht van de europese avant-garde.* Antwerpen 1970, Ontwikkeling.

Hadermann, Paul (1995), 'De dionysische aspecten in de poëzie van Paul van Ostaijen'. In: *Gierik/Nieuw Vlaams Tijdschrift,* jg. 13, nr. 4 - jg. 14, nr. 1, 1995-1996, pp. 56-65.

DE ONTSLUIERENDE KRACHT VAN HET WOORD
VAN OSTAIJENS POËTICALE METAFORIEK —
LITERATUUR EN MODERNITEIT

Thomas VAESSENS
Universiteit Utrecht

1. *Inleiding*

De geschiedenis van de Nederlandstalige literatuur wordt vaak als een poëticaal tweestromenland beschreven. Er is de uiterst canonieke 'zuivere' traditie, waarin Nijhoff en later Kouwenaar te plaatsen zijn, en de 'onzuivere' van Moens en later van Vroman en Polet. Van Ostaijens positie in dit poëticale spectrum is niet eenvoudig te bepalen. Meestal wordt zijn dichterschap beschreven in termen van een ontwikkeling. Zijn jeugdzonden situeren we in de 'onzuivere' traditie, waarna de latere Van Ostaijen mag toetreden tot het pantheon van zuivere dichters. Ingewikkelder wordt het wanneer we onze literatuur in een internationaal perspectief proberen te plaatsen. We hanteren dan een verwarrende veelheid aan ongelijkwaardige onderscheidingen die aan de dichotomie van zuiver en onzuiver parallel zijn: autonomistisch en pragmatisch/expressief; gematigd en radicaal Modernisme; Modernisme en Historische Avant-garde of zelfs Modernisme en Romantiek.[1]

Vooral deze laatste twee termen kunnen aanleiding geven tot verwarring. De Modernisten zouden hebben afgerekend met de Romantiek, terwijl de vertegenwoordigers van de Historische Avant-garde nog in hoge mate schatplichtig zijn aan hun Romantische voorgangers. Ik wil in deze bijdrage laten zien dat dit beeld, zeker waar het Van Ostaijen aangaat, nogal problematisch is. Wie er met mij van uitgaat dat de literatuuropvatting van een auteur verband houdt met zijn ideeën over werkelijkheid en wereld, kan tot andere conclusies komen over de moderne literatuur sinds de Romantiek. Andere conclusies, ook, over Van Ostaijens positie daarin.

De literaire discussie waaraan Van Ostaijen deelnam, zal ik benaderen vanuit een meer-dan-literair kader. Van de sociologen leen ik daartoe het begrip Moderniteit: een sociaal-maatschappelijke organisatiestructuur die gedurende de laatste vier eeuwen geleidelijk aan haar beslag heeft gekregen. De stromingen in de moderne literatuur beschouw ik als verschillende *faces of Modernity*, als uiteenlopende literaire reacties op vergelijkbare omstandigheden. Ik stel mij de literair-historische operationalisering van het begrip Moderniteit voor als een (vanzelfsprekend willekeurige) constructie van tekstuele ruimten. Een tijdvak is op te vatten als een smeltkroes van discussies en controversen. De wijze waarop auteurs zich tot deze discussies verhouden, laat zich bestuderen aan de hand van daarin gehanteerde metaforen.[2] Het strategisch gebruik van deze metaforen en de strekking die de auteur eraan toekent, gebruik ik als instrumenten bij interpretatie en clustering. Moderniteit wordt daarmee een analytisch begrip dat weergeeft hoe literaire handelingen volgens bepaalde combinaties van waarden en betekenissen zouden kunnen verlopen. Deze voorlopige inzichten acht ik geschikt als interpretatiekader van primaire teksten. Een kader dat vragen provoceert die landsgrenzen en circuits overschrijden.

2. *Moderniteit*

Laat ik vooropstellen dat mijn vlucht in de sociologische theorievorming over de Moderniteit is ingegeven door Van Ostaijens teksten. Zijn verhalend proza laat zich lezen als de concretisering van een visie op de Moderniteit. Veel personages zijn geobsedeerd door hun streven naar orde, en zij verlaten zich daarbij op de al te hoge status toegekend aan de syntaxis van de mathematische taal en de intrinsiek 'lege' logica. Beschreven wordt hoe het geloof in de mogelijkheid van een onomstotelijk rationele, mathematische fundering van wetenschappelijke ideeën een impuls geeft aan een maatschappelijke inzet: het aanbrengen van orde. Gemechaniseerde redeneermethoden krijgen in een aantal proza's de vorm van gedragscodes: personages beperken rationaliteit tot theoretische argumenten waarmee ze hun handelen van een quasi-wiskundige zekerheid of noodzaak voorzien. Van Ostaijen schetst een enigszins karikaturaal beeld van de begin twintigste-eeuwse samenleving, waarin star mathematisch denken het instrument is voor het bereiken van een overzichtelijke, maar vooral *manipuleerbare* organisatie.[3]

Het enigszins karikaturale beeld dat Van Ostaijen in zijn proza schetst van de begin twintigste-eeuwse samenleving sluit in een aantal opzichten goed aan bij de sociaal-theoretische beeldvorming. De Moderniteit wordt daarin geconceptualiseerd als een posttraditionele orde waarin veranderingen veel minder dan in eerdere samenlevingsstructuren door traditionele normen en vormen worden tegengehouden.[4] De moderne mens leest de geschiedenis als het verhaal waarin zijn soort kans zag zich aan het grillige en onvoorspelbare natuurgebeuren te onttrekken. Achter de waarneembare werkelijkheid zoekt hij niet meer naar onuitsprekelijke goddelijke bedoelingen. Hij beroept zich veeleer op de moderne wetenschap, een beroep dat hij verantwoordt onder verwijzing naar spectaculaire ontwikkelingen die ons ten opzichte van de natuur hebben geconditioneerd. Zo evolueerde de scheikunde in de loop van de Moderniteit als een secularisatie en rationalisering van de toverachtige alchimie.[5] En in de wiskunde maakten Descartes, en in diens voetspoor de begin twintigste-eeuwse formalisten (Hilbert, Frege, Russell), de euclidische meetkunde door getallenoperaties volkomen verklaarbaar. Anders dan voor de oude Grieken heeft de studie van punten, lijnen, vlakken en ruimtefiguren voor de moderne mens weinig raadselachtigs of magisch meer.

Onttovering, mechanisering en verwetenschappelijking zijn veelgebruikte sleutelwoorden die deze ingrijpende veranderingen duiden. Met dit soort metaforen is de theorievorming over de Moderniteit doorspekt. Vooral wanneer sociologen (en antropologen) de nieuwe tijd proberen te omschrijven tegen de achtergrond van de oude hanteren zij polaire, metaforische typologieën. De titel van Ferdinand Tönnies' boek *Gemeinschaft und Gesellschaft* (1887) is daarvan een voorbeeld. De oude vorm van menselijk verkeer karakteriseert Tönnies als natuurlijk, vrouwelijk, instinctief en *organisch*, terwijl hij de nieuwe rationeel, mannelijk, bedacht en *mechanisch* noemt. Andere typologieën zijn daarmee goed te vergelijken. Ernest Gellner (1983), bijvoorbeeld, vergeleek de premoderne samenleving met een wilde tuin, waarin de wildgroei van allerlei onkruid de organische vorm van het geheel bepaalt. Daartegenover staat het truttige schoffelperkje van de moderne tuinman, die, veelal op advies van een gestudeerde tuinarchitekt, zijn kasplantjes keurig in rijtjes langs de schoongeveegde paadjes plant. Weer een ander, Zygmunt Bauman (1991), wijst de geometrie aan als het archetype van de moderne geest, die prerationele denkwijzen, mythen en sprookjes ver achter zich gelaten heeft. Organisch en mechanisch, natuurlijk en rationeel, alchimie en scheikunde, wildgroei en kasplant — het zijn tegenstellingen die in meer of mindere mate aan de natuurwetenschappen herinneren.[6]

Het feit dat er over de Moderniteit zoveel in tegenstellingen wordt gesproken, heeft te maken met de overduidelijke schaduwzijde van de mechanisering van het wereldbeeld. Aan de fysieke deconditionering ontlenen wij ons gevoel van vrijheid, maar in sociaal en psychologisch opzicht heeft zij ook een cruciaal nadeel: terwijl we ons bevrijdden van natuurlijke beperkingen, hebben we ons in hoge mate afhankelijk gemaakt van de instituties en organisaties die we daarbij zelf in het leven geroepen hebben. De strakke, rationele organisatie, hoe noodzakelijk ook in tijden van crisis, kan daarom nauwelijks eenduidig positief worden beoordeeld. In Bordewijks roman *Blokken* heeft de mathematische orde van de staat, met zijn rechte hoeken-dictatuur, een tegenpool in de ongrijpbare gek die in een lezing de bekoorlijkheid van de cirkel beschrijft. Het is natuurlijk deze cirkelliefhebber met wie iedereen zich identificeert. Voor toch essentiële menselijke eigenschappen als de behoefte aan oorspronkelijkheid, onvoorspelbaarheid en verandering lijkt immers in een mathematische orde weinig plaats te zijn.

Met Bordewijk zijn we weer terug bij de literatuur. Veel begin twintigste-eeuwse schrijvers gebruiken tegenstellingen die verwant zijn aan de polaire typologie van de sociaal-theoretici. „In de plantsoenen wordt elk pad geharkt", dicht Slauerhoff (1995:814) schamper, en ook bij Marsman (1963:591) is de tuintjesmetaforiek van Gellner duidelijk te herkennen wanneer hij de jonge dichters in zijn befaamde essay 'De sprong in het duister' voortschreeuwt: „Alles, maar dan ook alles, is beter dan zuchten en kwijnen in schemer en halfdood; liever onkruid dan klimplant. Vooruit!" In Van Ostaijens proza komt ditzelfde tot uitdrukking in de hiërarchie die hij aanbrengt in twee centrale metaforen: het organische stelt hij boven het mechanische. De open en onbeperkte interpretatie staat voor hem boven de drang naar quasi-mathematische, voorspelbare zekerheid, die als belangrijkste kenmerk heeft dat zij alles wat ambivalent en onbeheersbaar is, uitsluiten wil.

3. *Moderne metaforen*

Het geschetste perspectief kan een verhelderend licht werpen op enkele aspecten van Van Ostaijens literatuuropvatting. Ik heb tot nu toe slechts kort gerefereerd aan zijn proza's, terwijl zijn poëtica op de poëzie toegesneden is. De overgang is desalniettemin klein, want het genoemde metaforencomplex is ook in Van Ostaijens essays en kritieken te herkennen. En ook daarin staat hij niet alleen. Juist de autonomistische poëtica's, die deze periode zo overheersen, worden vaak geformuleerd tegen de achtergrond van twee extra-poëticale kennisdomeinen: de sociale theorie en de natuurwetenschappen.

De auteurs beschouwden de Moderniteit als fascinerend object van onderzoek en zij maakten daarbij gebruik van het betrekkelijk alledaagse instrumentarium dat terzelfder tijd ontwikkeld werd door de inmiddels klassieke moderniseringstheorie. Sommigen toonden zelfs academische interesse — Geerten Gossaert, bijvoorbeeld, blijkt in zijn doorwrochte *Prolegomena der Sociologie* (1911) uiterst goed op de hoogte van de sociologische vakliteratuur. Wat Gossaert studieus en grondig aanpakte, was ook voor veel andere, minder wetenschappelijk georiënteerde auteurs tenminste een meer-dan-oppervlakkige interesse. Essayistische literatuur over de moderne maatschappij in sociaal-historisch perspectief is een modeverschijnsel in deze periode. Wie deze literatuur bestudeert, zal merken dat ook daarin de natuurwetenschappelijke metaforiek een belangrijke rol speelt. Aansluitend bij de sociaal-theoretische, in de Verlichting startende narratio's van de Moderniteit, zagen auteurs voor de natuurwetenschappen een sturende rol weggelegd. Het voortschrijden van de wetenschappen werd niet alleen verheerlijkt door aanbidders van vliegtuigen en techniek (zoals Marinetti en, eerder al, Whitman), maar ook veel minder Romantische geesten als Valéry, Pound, Stevens, Auden, Van Ostaijen en in mindere mate Nijhoff waren gefascineerd door de taal van de algebra en de exactwetenschappelijke terminologie.[7]

Natuurlijk gaat het hierbij voor een deel om het toegeven aan een modeverschijnsel. Du Perron en Ter Braak ergerden zich daar mateloos aan. Zij wezen op de modieuze literaire koketterie met de naam van Einstein,[8] en hetzelfde hadden ze over Henri Poincaré kunnen opmerken. Maar het gaat mij zeker niet om de vraag in hoeverre auteurs daadwerkelijk belezen waren op natuurwetenschappelijk of sociaal-theoretisch terrein. Ik geloof onmiddellijk dat de wis- en natuurkundige Casimir (1987:334) gelijk had toen hij enkele jaren geleden in *De Gids* beweerde dat grondige natuurwetenschappelijke kennis in de dichtkunst niet aanwezig is.

Maar de metaforen die de tekenen zijn van het verschijnsel dat het wetenschappelijke discours in vereenvoudigde vorm tot segment van het alledaagse taalgebruik geworden was, worden door de auteurs wel degelijk gebruikt. Aan de hand van Van Ostaijens opvattingen kan iets van deze fascinerende wisselwerking zichtbaar gemaakt worden, ook wanneer de auteur zich daarvan helemaal niet bewust was, wat mij overigens toch onwaarschijnlijk lijkt.

De metaforische tegenstelling organisch/mechanisch, waarover ik al sprak, wordt in Van Ostaijens essays gepoëticaliseerd. Ik zal dit kort proberen te beschrijven en wil laten zien dat de dichter de metaforiek uitwerkt en uitbreidt op een manier die in de context van de onttoverde Moderniteit als subversief te interpreteren is. Hij doet dit door zijn belangstelling voor de sociaal-theoretische en natuurwetenschappelijke actualiteit te koppelen aan aandachtsvelden als die van de mystiek, de alchimie, de theosofie en de (Romantische) organische wereldbeschouwing.

4. *Genese en hypothese*

Als ingang tot Van Ostaijens epistemologisch georiënteerde poëticale problematiek, waarvan ik hier uiteraard maar weinig kan behandelen, kies ik de notie *samenhang*. Zijn proza geeft voorbeelden van de meest agressieve manier waarop samenhang bewerkstelligd kan worden: de werkelijkheid wordt aan een logisch, onaantastbaar systeem onderworpen. Lijnrecht daartegenover staat de experimentele of empirische samenhang waarover Van Ostaijen in verschillende essays spreekt. Deze moet begrepen worden als een proefondervindelijke, in de werkelijkheid gegeven veronderstelde, samenhang. Geen van beide uitersten staat hem aan, en het komt mij voor dat hij kiest voor een soort tussenweg, die hij wel eens omschreven heeft als een *kunstmatige* samenhang (IV:193). Tegenover de als fragmentarisch ervaren werkelijkheid kan de dichter slechts een gemaakte samenhang stellen: een coherentie in de *waarneming* van de werkelijkheid, die het gevolg is van de eenheid in de visie van de waarnemer. Zolang de dichter samenhang construeert, schrijft hij elders, zolang gaat het goed (IV:320). Ook laat hij weten dat het gedicht „in de mechanika van (de) empirie niets verloren" heeft: hij verwerpt de strategie van de naïeve dichter die, uit de overtuiging dat „het beeld der dingen (...) hun ware werkelijkheid" is, op zoek gaat naar empirische samenhang ten gunste van een strategie waarin elke „objektief-kausale samenhang (...) als een door de schijnwerkelijkheid opgeworpen hindernis moet worden beschouwd". Wanneer die hindernis eenmaal genomen is, kan de dichter beginnen met het „affekteren van het subjektieve" (IV:363-365). Hij *creëert* dan een niet-verstandelijke, nog onbekende samenhang die van een hogere orde is.

Ik kom op de notie samenhang later nog terug. Ik heb haar hier alvast in stelling gebracht om te laten zien hoezeer Van Ostaijens Modernistische poëtica wortelt in een epistemologische problematiek, maar ook omdat ze het vertrekpunt kan zijn van een korte beschouwing over het gefaseerde ontstaansproces van het gedicht. De vragen zijn nu hoe in dat proces samenhang gecreëerd wordt en wat dat dan precies voor (hogere) samenhang is. In de eerste plaats moet gezegd worden dat het proces voor Van Ostaijen niet in dienst staat van een mimetische pretentie. De dichter richt zich niet op afbeelding, noch op verwoording van een gedachte, maar op een moment dat aan de verwoording voorafgaat. Omdat hij niet gelooft in zoiets als Kloos' „haarfijnprecieze weergave van wat er omgaat in 's kunstenaars binnenste wezen" (Kloos 1904:72), legt hij de nadruk op het *proces* waarin betekenis ontstaat. Voor de zekerheid van de wetende dichter stelt hij een andere, wankele richtlijn in de plaats. Een richtlijn die nergens gegeven is, maar waarvoor slechts in metaforen gegoten modellen bestaan.

Een van die metaforen is de metafoor van de dynamiek. Dynamiek, volgens Van Ostaijen een essentiële eigenschap van de actuele werkelijkheid, ligt als constitutioneel principe ten grondslag aan het gedicht. Het is een metafoor voor de grammatica, voor de dieptestructuur van het wordingsproces (IV:27). Uitgaande van het onderscheid zuiver/onzuiver moet Van Ostaijens preoccupatie met dynamiek dus niet in de Romantische zin begrepen worden. Het gaat er niet om over vliegtuigen of machines te schrijven; de taal zou de beweeglijkheid van deze moderne apparaten maar verstarren. Het dynamische gedicht stelt dan ook de methode centraal, en niet het toevallige resultaat daarvan. Het werpt een licht op het proces van betekenisvorming. Wanneer Van Ostaijen meent dat de genese en het uiteindelijke resultaat niet los van elkaar kunnen worden gezien, bedoelt hij dat het per definitie voorlopige resultaat niet meer is dan een fase in een altijd voortdurend proces, dat door elke lezer opnieuw hernomen wordt.

Vanuit een dergelijke methodische aandacht is de stap naar een min of meer wetenschapstheoretische terminologie nog maar klein. Verschillende keren vergelijkt Van Ostaijen het ontstaansproces met de wetenschappelijke vergaring van kennis. Een voorbeeld daarvan is te vinden in een van zijn brieven, waarin hij schrijft dat in de totstandkoming van een kunstwerk twee factoren van belang zijn: de onbewuste, intuïtieve visie en de bewuste uitwerking daarvan. Visie en uitwerking presenteert hij als twee op elkaar volgende fasen in het ontstaansproces, een voorstelling die hem in staat stelt aforistisch aan te geven hoe kunst en wetenschap zich tot elkaar verhouden: „in de vizie is elke wetenschap kunst (en) in de uitwerking is elke kunst wetenschap".[9]

Nu ligt het gezien de op deze en andere plaatsen gesuggereerde analogie voor de hand dat in Van Ostaijens bespiegelingen over de genese van het gedicht ook de metafoor van de hypothese een rol speelt. En inderdaad: in een essay karakteriseert hij het ontstaansproces als een „empirisme na het vooropstellen ener niet-empiristiese hypothese" (IV:241). In de moderne wetenschap geldt de hypothese als voorwetenschappelijk instrument dat ervaringsfeiten verklaart. Zij wordt door experimenten bevestigd of weerlegd. Het aardige van de hypothese is dat zij op zichzelf niet inhoudelijk hoeft te worden verantwoord. Zij kan worden gedefinieerd als een van bestaande ordeningssystemen onafhankelijke stelling zonder bewijs. Voordat de hypothese eventueel wordt verworpen of bijgesteld, werpt zij een mogelijk verhelderend of verrassend licht op empirische verschijnselen. Naar analogie zou dan de aanzet tot het kunstwerk niet gebonden zijn aan de strenge wetten van de empirie en onafhankelijk van de toevallige ordening van de werkelijkheid. Vertrekpunt van de genese is niet de proefondervindelijke samenhang, maar een veronderstelling over de dichter als visionair. Hij is in staat zich te onttrekken aan de opdringerige systematiek die wij aan de werkelijkheid opleggen. Dit stelt hem in staat het gedicht een „toverspiegel" te laten zijn, zoals Van Ostaijen het uitdrukt, „die de verhoudingen naar eigen samenstelling en persoonlike wet verandert" (IV:23). De dichter stelt de hypothese die hij vervolgens 'wetenschappelijk' toetst. De intuïtieve, misschien visionaire aanzet wordt in het domein van het zinnelijk waarneembare uitgebouwd, waardoor „een groepering der elementen" ontstaat die „een hogere verhouding dan deze der gewone optiek ontsluiert" (IV:367).

Ditzelfde proces kan ook bekeken worden vanuit het perspectief van de lezer. „De literatuur", vindt Van Ostaijen, „vereist van de verbeelding van de lezer de zinnelike heropbouw" (IV:24). Deze zinnelijke heropbouw benadert de niet-analytische, intuïtieve, hypothetische aanzet die in het gedicht besloten ligt als iets dat opnieuw opgebouwd moet worden met behulp van wat onder het bereik van de zinnen van de lezer valt. De zinnelijk waarneembare elementen uit de werkelijkheid worden niet geanalyseerd of herschapen, maar gebruikt voor een door de poëzie gestuurde heropbouw. Het gedicht hoeft niet beschouwd te worden als een *re*constructie van de werkelijkheid zoals die aan het gedicht ten grondslag lag, maar kan een constructie van iets ánders zijn. Deze door de toevallige lezer op diens eigen maat gesneden constructie start vanuit een punt dat door de dichter al is gepasseerd: de lezer herneemt het proces waarop de dichter een voorschot nam. Lezen is dus iets anders dan kennis nemen van de mededelingen van de dichter. Het is deelnemen aan een proces dat door de dichter in gang is gezet.

Ik keer weer terug naar de auteur.[10] Evenals de wetenschapper werkt hij zijn subjectieve visie in een tweede fase van het ontstaansproces uit. Die uitwerking is een objectivering van de intuïtieve, niet op basis van ervaringsfeiten gestelde hypothese. Twee ogenschijnlijk tegenstrijdige aspecten van deze wetenschapsmetaforiek zijn voor mijn betoog van groot belang. In de eerste plaats lijkt zij het wonderlijke ontstaansproces van het gedicht tot iets grijpbaars te willen maken. De laatste fase ervan wordt immers als controleerbaar voorgesteld. In de tweede plaats kan vastgesteld worden dat het bij de metaforische associatie van ontstaansproces en wetenschap gaat om een wetenschap die bepaalde grenzen overschrijdt. Van Ostaijen gebruikt de metafoor niet in de zin van Newton, voor wie hypothesen hoogst aanvechtbare verzinsels waren, maar veeleer in de zin van bijvoorbeeld Poincaré, die nou juist de scheppende potentie van dergelijke wilde gissingen benadrukte. Hypothese, toetsing, bijstelling of verificatie — het is allemaal goed en wel, meent Poincaré (1902: 151), maar echt verder helpt ons toch vooral de *niet*-geverifieerde hypothese, want die heeft het onverwachte en extravagante dat de werkelijkheid in een nieuw licht kan plaatsen. De hypothese, en dus de eerste fase van het ontstaansproces van het gedicht, als toverlantaarn — het is een vergelijking die Van Ostaijen heeft aangestaan.

Op beide aspecten, grijpbaarheid en grensoverschrijding, zal ik kort ingaan. Daarbij wil ik de aandacht vestigen op nog twee andere, complicerende metaforen, die van het organisme en die van de mystiek, met behulp waarvan enkele fascinerende, maar in de context van het Modernisme zeker niet bijzondere paradoxen in Van Ostaijens poëtica aangewezen kunnen worden.

5. *Organisme en mystiek*

Het eerste aspect waarover ik sprak, de suggestie van grijpbaarheid, wordt door Van Ostaijen gecompliceerd wanneer hij het gedicht vergelijkt met een levend wezen. Niet alleen vertoont zo'n organisme een noodzakelijke innerlijke samenhang, maar het is even belangrijk dat het, als een plant, quasi uit zichzelf is ontstaan, waardoor, enigszins gechargeerd gesteld, noch de dichter, noch de werkelijkheid op het uiteindelijke resultaat van de groei aanspraak maken kan. Het gedicht betracht geen mechanische imitatie, maar stelt daar organische, scheppende creativiteit tegenover. De 'kunstmatige' samenhang van het gedicht blijkt nu een 'organische' samenhang te zijn. En wat interessanter is: het door middel van de wetenschapsmetaforiek grijpbaar gemaakte, bijna mechanische ontstaansproces wordt nu als volstrekt ongrijpbaar voorgesteld. De organische groei mag dan aan wetten beantwoorden, maar het betreft regels die niet door de mens zijn gesteld. Regels, bovendien, die ook in 1996 nog niet volledig door de microbiologie blootgelegd zijn.

Evenals de metafoor van de 'dynamiek' staat de aan de Romantici ontleende notie 'organisch' voor een verborgen plan dat aan de wording van het vers ten grondslag ligt. Een plan dat dankzij de wat magische connotaties van het woord organisme niet het gevaar loopt als mechanische grammatica misbegrepen te worden. En dat is nodig, want tegenover de gelaakte planmatige „grammatiek" stelt Van Ostaijen „de bizondere taal van het genie" (IV:44). De metafoor verantwoordt niet alleen Van Ostaijens veronderstelling dat de poëzie in staat is nieuwe duidingen te scheppen, maar zij maakt van het dichten ook een bovenmenselijke scheppingsdaad.

Met dit laatste raken we aan het tweede aspect dat ik noemde: de suggestie van grensoverschrijding. Deze wordt versterkt door wéér een metafoor: die van de mystiek. De alchimistische toverachtigheid die deze metafoor omgeeft, kan gelden als tegenpool van het star-wetenschappelijke ideaal dat aan de moderne organisatie ten grondslag ligt. Van Ostaijen was zich ervan bewust dat mysticisme kan verzanden in *Schwärmerei*: het heeft zijn poëticale inzet van de metafoor gecompliceerd en enigszins duister en omslachtig gemaakt. Een kunstenaar die de mystiek *zonder meer* aangrijpt om er naïeve opvattingen over magische en wonderbare kwaliteiten van poëzie of dichter mee te staven, komt uiteraard in het vaarwater van de Romantici terecht. Voor de Tachtigers bood de mystiek de mogelijkheid tot onderbouwing van ideeën over de bijna bovenmenselijk grote hartstochten en het intense zieleleven van de dichter. Hoewel de oude mystiek van de menselijke eenwording met God in de onttoverde Moderniteit in toenemende mate een mystiek zonder God werd, ontleende bijvoorbeeld Van Deyssel er omstreeks 1890 de mogelijkheid tot vergoddelijking van de kunstenaar aan (cf. bv. Fontijn 1993).

Van Ostaijen heeft zijn scepsis sterker aangezet: accentuering van de instrumentele beperktheid van het poëtisch medium ligt in zijn mystieke metafoor besloten. Voor hem komt de identificatie van poëzie en mystiek kortweg hierop neer dat de dichter in taal tijdelijk en provisorisch een glimp probeert te geven van een feitelijk onmogelijke wereld achter alledaagse hindernissen. Hij schrijft dat het de dichter te doen is om „het uitzeggen van het vervuld-zijn-door-het-onzegbare" (IV:374). Het instrument dat hij daarbij gebruikt is het woord, dat kan „boren" in het „transcendente". Niet de *zin*, die met zijn „intellektuële opeenvolging en betekenis" het verstand van de lezer raakt, maar het *woord* kan de gevoelige snaar van de hoorder raken: het kan doordringen tot het onderbewustzijn en tot „gene waarden (...) wier voren het blote verstand te diep liggen" (IV:375-376). Het spel met het woord, meent Van Ostaijen, brengt een „verrukking in de mogelikheden van de uitdrukking". En in deze verrukking schuilt de overeenkomst tussen poëzie en mystiek.

Van Ostaijen compliceert de vergoddelijking van kunst en kunstenaar, maar anderzijds laat de allesbehalve vage herinnering aan het 'gemak' dat de Romantici op dit punt aan de dag legden, hem niet los. Dit geldt voor veel auteurs van zijn generatie: Nijhoff, Eliot, en ook Stevens, die de dichter, de mysticus en de heilige in *The Necessary Angel* zelfs zonder omhaal op gelijke hoogte stelt (Stevens 1951:501). Een consequentie van Van Ostaijens identificatie van poëzie en mystiek is dat de poëzie in een atmosfeer van religiositeit komt te staan. Net als bij de Romantici krijgt de dichter bij Van Ostaijen priesterlijke eigenschappen en zijn gedicht gaat lijken op het gebed, een magisch ritueel. Tegen de achtergrond van de formaliserende tendensen in de wetenschap mag Van Ostaijens aandacht voor niet-rationele, psychologische factoren dan progressief heten, anderzijds grijpt de auteur terug op oude, prerationele strategieën in zijn mystieke streven de grenzen van de communicatieve orde te overschrijden.

Ook die andere metafoor, het organisme, staat natuurlijk in een traditie. Het waren de Romantici die de metafoor inzetten in hun strijd tegen de verwetenschappelijking, waarin zij een bedreiging zagen voor alles wat hen heilig was. Bij Van Ostaijen staat het organische metaforisch voor een wijze van schrijven, lezen en kijken. Een niet-systematische 'methode' die zich aan de regels van empirische samenhang en organisatie onttrekt. Ook hij gebruikt het organisme als wapen in de strijd tegen de Moderniteit.

6. *Modernisme, Romantiek en Moderniteit*

Ik keer terug naar mijn uitgangspunt. Wat te doen met concepten als Modernisme, Historische Avant-garde en Romantiek? Ik hoop aannemelijk te hebben gemaakt dat onder de oppervlaktestructuur van het literaire debat van de jaren '20 een meer levensbeschouwelijk-poëticale dieptestructuur verborgen ligt. Vanuit het gebruikelijke literair-historische perspectief op het tweestromenland (de oppervlaktestructuur), kunnen we gemakkelijk argumenten verzamelen voor de stelling dat Van Ostaijen tot de Modernisten gerekend moet worden. Zijn omgang met de genoemde metaforen is gecompliceerd. De suggestie die de ene metafoor wekt, wordt door de andere weer teniet gedaan. Dergelijke paradoxen kenmerken zijn poëtica, die in aansluiting bij de literatuurwetenschappelijke discussie over het Modernisme gekarakteriseerd kan worden in termen van epistemologie, twijfel, ambivalentie, reflexiviteit, distantie en bewustzijn.

Op het niveau van de poëticale oppervlaktestructuur keert hij zich af van twee pijlers van de Romantiek: de expressieve literatuuropvatting en de probleemloze vergoddelijking van de kunstenaar. Hij lijkt te kiezen voor de anti-Romantische dichterlijke identiteit van controlerend technicus. Hij benadrukt de onmogelijkheid van zijn mystieke streven en toont zich nogal angstig voor de herinnering die zijn metaforiek oproept aan de *new age*-achtige zwelgerigheid van het vorige *fin de siècle*. Tegenover die uitbarsting van Romantiek betrachten de Modernisten veel meer terughoudendheid dan hun Historisch Avant-gardistische tijdgenoten. Occulte interesses als die van Mondriaan en Jozef Peeters zijn voor een bedachtzame Modernist als Ter Braak afschrikwekkende voorbeelden van wat omstreeks 1920 nog steeds een mode kan heten.[11] Van Ostaijen denkt daar net zo over. Wanneer hij het ontstaansproces van het gedicht bespreekt als een poging het kennisdomein tentatief uit te breiden, doet hij dat nadrukkelijk onder het wetenschappelijke voorbehoud van de hypothese. De „ontsluierende kracht" die hij aan het woord toekent (IV:318) heeft *niet* het karakter van een openbaring die de verlichte dichter zijn horige lezers voorlegt. De principieel provisorische tekst dient te worden opgevat als een eindeloos proces waartoe de dichter slechts de aanzet en de methode gegeven heeft.

Gaan we een trapje lager staan, en stellen we niet het literaire, maar een meer levensbeschouwelijk debat centraal, dan kunnen we minder gemakkelijk twee stromen onderscheiden. De Moderniteit is een periode van tegenstrijdigheden. Haar mechanisering en onttovering worden allerwegen gecompenseerd door Romantische noties als organische creativiteit, mystiek en grensoverschrijding. Ook door Van Ostaijen. Hij mag de Romantische metaforiek dan modificeren; zij provoceert nog steeds de gemechaniseerde orde waartegen zij wordt ingezet. Moderne inzichten van de natuurwetenschap en de sociologie koppelt Van Ostaijen aan prerationele elementen. Achter de verschijning van de dichter als controlerend technicus gaat een aan hogere machten overgeleverde magiër schuil. De mysticus. De Alchimist. Zoals de alchimisten, naar 'de steen der wijzen' verwijzend, hun geheime werkzaamheden beschermden tegen de bemoeienis van nog niet verlichte geesten, zo heeft Van Ostaijen de dichter zijns ondanks tot uitverkorene gemaakt door te schermen met ongrijpbare strategieën die in de moderne orde als bedreigend en ondermijnend werden gezien. Om zijn eigen kwalificaties te gebruiken: wanneer het publiek door de goochelaar is vermaakt, verlaat het de zaal. Alleen wanneer het aandacht gehad heeft voor de strategieën aanreikende profeet die tijdens de voorstelling tussen de coulissen stond, zal het in de toevallig geordende werkelijkheid terugkeren met ogen die wat wijder open staan voor de dingen die met evenveel recht werkelijk genoemd kunnen worden, maar dat natuurlijk niet zijn.

Op het levensbeschouwelijk-poëticale niveau van de strijd tegen mechanisering en onttovering zijn Romantiek en Modernisme wérkelijk twee *faces of Modernity*. In het voetspoor van de sociologische reflectie op de Moderniteit denk ik dat pas veel later een grondige herschikking van het literaire landschap plaatsvond. Of zij nu spreken van de Postmoderniteit (Bauman, Gellner) of van de late Moderniteit (Giddens), veel sociaal-theoretici zijn het erover eens dat de geslotenheid van het moderne systeem aan het verdwijnen is. Anders dan in de klassieke moderniseringstheorie, waar vooral de ontwikkelingssystematiek centraal staat, concentreren de theoretici van de 'postindustriële' of Postmoderne samenleving zich op het eigensoortige en meer concrete karakter van de huidige maatschappij (cf. Mommaas 1993:12, 88-89). Tot hun belangrijkste thema's behoren de mondialisering en de multiculturele samenleving. Zij stellen vast dat zich een ontwikkeling voltrekt die de moderne Westerling lange tijd voor onmogelijk gehouden heeft: het proces van onttovering, ooit synoniem voor vooruitgang, keert op zijn schreden terug. De Westerse Moderniteit ondervindt in toenemende mate invloeden uit de niet-Westerse culturen, waarin van onttovering en secularisatie veel minder sprake is.[12] Pas onder deze omstandigheden kan de Romantiek, ooit de heftigste reactie op de mechanisering van het wereldbeeld, haar subversieve imago verliezen.

7. *Besluit*

De Romantiek was het in meer of mindere mate achter Modernistische sluiers verhulde gezicht van de artistieke Moderniteit. Ik denk niet dat een dichterschap als dat van Van Ostaijen onder de veranderde omstandigheden nog denkbaar is. Het gemeenschappelijk doelwit van Romantiek en Modernisme is niet meer iets om met grote zorg tegen tekeer te gaan. Deze verandering op het niveau van de dieptestructuur werkt natuurlijk door op het meer oppervlakkige niveau van het literaire debat. De Romantiek is geen complicerende factor meer bij de formulering van een poëtica, zoals dat voor Van Ostaijen het geval was.

Enkele jaren geleden publiceerde Sybren Polet een studie over creativiteit, *De creatieve factor* (1993). Hij formuleert daarin ideeën die sterk lijken op Van Ostaijens gepoëticaliseerde werkelijkheidsbenadering. Hij schetst een zelfde nadrukkelijk niet-systematische denkwijze en ook in zijn betoog klinken bijna megalomane, Romantische opvattingen door over de superioriteit van het literaire taalgebruik, dat veel beter dan andere taalvormen met de waarheid zou weten om te gaan. Voor Polet zijn dit soort ideeën niet meer de inzet van een poëticaal en politiek debat: de paradoxen van de Moderniteit zijn gemeengoed geworden. Polets verwijzingen naar Novalis verdrinken bovendien in een zee van aangehaalde dichters en levensfilosofen door de eeuwen heen. Het Romantische ideeëngoed kan hij beschouwen als iets dat in het literaire debat net zo weinig polemische waarde heeft als, pakweg, de dialogen van Plato.

Avant-gardes worden geaccepteerd wanneer ze niet meer bijten. Ook de Romantische. Het aspect van Van Ostaijens poëtica dat mij het meest fascineert, is de *voorzichtige* ontologische implicatie van zijn organische en mystieke metaforiek. Wie leest of dicht, meent hij, raakt verwikkeld in een mythisch proces, een rite waarin drempels kunnen worden overschreden. Van Ostaijen verkent de grenzen tussen de ontologisch gescheiden terreinen van textuur en structuur, van beeldtaal en wetenschappelijk discours, van tekst en 'heterokosmos' — grenzen die ook al door de Romantici werden getart. Waar deze erfenis van de Romantische avant-garde voor de Modernisten nog een poëticaal en institutioneel probleem vormde, daar wordt zij pas in betrekkelijk recente literatuur ongecompliceerd botgevierd. We kunnen daarbij denken aan de Postmoderne historische metafictie van auteurs als Fuentes, Pynchon en Rushdie (cf. Hutcheon 1988, McHale 1989:84-96 en Wesseling 1991). Of aan het werk van K. Schippers (1980:11), die een bekend gedicht begint met de regels: „Jij hebt de dingen niet nodig / om te kunnen zien". Modernistische teksten als die van Van Ostaijen gaven in het minst affirmatieve geval een her-*interpretatie* van de feiten. Het Postmodernisme, zo kunnen we wellicht stellen, gaat verder en zoekt naar een meer rigoureuze her*schrijving* daarvan. Een herschrijving die volgens Modernistische maatstaven apocrief zou zijn.

Nu de oppervlakkig-poëticale complicaties die Van Ostaijen van een ondubbelzinnig ontologische poëtica weerhielden, niet meer bestaan, kunnen we zien hoe zijn zucht naar voorzichtige exploratie van het nog niet gerealiseerde, het niet waarneembare, hem in literair-historisch opzicht op een spoor heeft gezet. In de ontwikkeling van de moderne literatuur — dat is: de ontwikkeling sinds de Romantiek — zou hij wel eens een sleutelfiguur kunnen zijn. Zijn positie is in dat opzicht misschien nog wel het best vergelijkbaar met die van Ezra Pound (cf. Perloff 1985) — en dat is een identificatie die vanuit de dichotomie zuiver/onzuiver niet zo gemakkelijk gemaakt kan worden.

Noten

Ik dank Wiljan van den Akker, Redbad Fokkema en Bertram Mourits voor hun commentaar op een eerdere versie van deze tekst.

[1] Deze periodeconcepten zijn ongelijkwaardige grootheden. Wie bijvoorbeeld werkt met de term Modernisme, althans in de betekenis die ik eraan zal geven, onderwerpt gegevens uit de historische werkelijkheid aan een samenhang construerend concept. De Historische Avant-garde, daarentegen, staat in de Nederlandse literatuurgeschiedenis over het algemeen voor een amalgaam van termen dat aan auteursuitspraken en -kwalificaties is ontleend. Lineaire oorzaak/gevolgredeneringen en kwesties van beïnvloeding gaan vooraf aan tekstinterpretatie of clustering. Dezelfde problematiek van constructie en reconstructie — die, gezien de veelvuldig gestelde vraag naar contextualisering en taalgrenzen overschrijdende literatuurgeschiedschrijving, de nodige aandacht verdient — speelt een rol wanneer we ons begaan tonen met de historische context van het literaire werk. Wat beschouwen we eigenlijk als de context van Van Ostaijens werk? Proberen we te achterhalen of de auteur de boeken in zijn bibliotheek ook werkelijk gelezen heeft, bestuderen we de Berlijnse filmagenda, reconstrueren we zijn vriendenkring of beperken we ons tot een conceptualisering van een van de vele mogelijke sferen tegen de achtergrond waarvan Van Ostaijens teksten een nieuwe betekenis kunnen krijgen? Ik kies in deze bijdrage voor dat laatste en werk met een constructie (Moderniteit) die een drastische inperking is van een segment van de context. Zij kan gebruikt worden om lijnen zichtbaar te maken langs welke processen als kennisoverdracht of discoursinteractie zouden kunnen plaatsvinden.

[2] Nadat Douwe Draaisma (1993:19-20) in zijn dissertatie gewezen heeft op het ontbreken van eensgezindheid onder linguïsten over de metafoor ("de theorievorming over de metafoor is de Balkan van de linguïstiek"), komt hij tot de volgende definitie: „'Metafoor' (is) de paraplu boven alle verbale constructies waarin de eigenschappen van de ene context worden geprojecteerd op een andere context, teneinde daar verduidelijking of nieuwe inzichten aan te ontlenen". Ik sluit mij in deze bijdrage bij Draaisma's begripsbepaling aan.

[3] In twee voortreffelijke artikelen over resp. 'Het bordeel van Ika Loch' en 'De trust der Vaderlandsliefde' komt Erik Spinoy (1995, 1996) vanuit een filosofisch perspectief tot bevindingen die ik op grond van mijn promotie-onderzoek, waarin ik een sociaal-theoretisch perspectief kies, van harte onderschrijf. Elders zal ik uitgebreider ingaan op 'Moderniteit en mathematica' in Van Ostaijens proza.

[4] Ik baseer mij in dit artikel voornamelijk op publicaties van de sociologen Giddens (1990, 1991), Bauman (1987, 1991) en op de „klassieke sociologie", waarvan men een beknopt overzicht kan vinden in Van der Loo en Van Reijen (1990).

[5] Ik ontleen dit voorbeeld aan Zijderveld (1990:44).

[6] Deze typeringen moeten uiteraard niet te absoluut geïnterpreteerd worden. De zogenaamde „*founding fathers*" van de sociologie (Weber, Durkheim e.a.) begonnen te spreken in termen van dichotomieën, maar het waren vooral hun navolgers, leden van wat de *'Chicago School'* is gaan heten, die de complementariteit van de polen (te) weinig onder de aandacht brachten. Vgl. Cohen (1995:21-25).

[7] Een van de factoren die (althans in het Nederlandse taalgebied) daartoe hebben bijgedragen, is de aandacht die literaire of culturele tijdschriften schonken aan de kopstukken van de exacte disciplines en hun werk. Zo laat de redactie van *Het Overzicht* haar medewerker

P. Verryken in nr. 14 (1922) een uitgebreid overzicht geven van de recente mathematische en fysische paradigmawisselingen. En ook *De Gids* stelde veel ruimte beschikbaar voor dergelijke bijdragen. In nr. 4 van jg. 88 (1924) schreef J.E. Enklaar bijvoorbeeld een zeer uitgebreid essay over 'De methodiek der natuurwetenschap', en drie jaar daarvoor (jg. 85, nr. 2) had G. Heymans in het tijdschrift al enkele 'Leekenvragen ten opzichte van de relativiteitstheorie' gesteld. Heymans kreeg nog in dezelfde jaargang antwoord van A.D. Fokker (jg. 85, nr. 4). Al in 1917 plaatste de redactie twee bijdragen van J.P. Kuenen onder de titel 'Relativiteits-theorie' (jg. 81, nr. 1 en nr. 2). Dit soort informatieverstrekking zal ertoe hebben bijgedragen dat auteurs zich lieten inspireren door de ideeën van vooraanstaande wis- en natuurkundigen — Van de Woestijne, bijvoorbeeld, vond omstreeks 1918 in zijn lectuur van Poincaré en Whitehead opvattingen die de schijnbaar ver uit elkaar gelegen gebieden van kunst, wiskunde en mystiek vermochten te integreren (Vervliet 1988:165) — en dat de namen van deze geleerden met enige regelmaat opdoken in beschouwingen en kritieken. Zo noemt Greshoff in *Spijkers met koppen* onder meer L.E.J. Brouwer, Einstein en Poincaré, en Van Doesburg refereert onder het pseudoniem Aldo Camini in *De Stijl* aan Einstein, Maxwell en Hertz.

[8] Cf. bv. Ter Braak (1980a:497) en Du Perron (1955:107).

[9] Van Ostaijen in een ongedateerde brief aan Oscar Jespers (1920), opgenomen in Borgers' *Documentatie* (1971:417). Cf. ook een vergelijkbare formulering in Van Ostaijens essay 'Modernistiese dichters' (IV:171).

[10] De onderscheiding tussen opvattingen geformuleerd vanuit het perspectief van de auteur en opvattingen geformuleerd vanuit het perspectief van de lezer is m.i. cruciaal voor een goed begrip van Van Ostaijens poëtica. Cf. Vaessens (1994).

[11] Een 'serieuze' benadering van het fenomeen mystiek werd door de Modernisten allerminst afgekeurd. Zelfs niet door een verstokte intellectualist als Ter Braak (1980b:54), die zich weliswaar terughoudend toont in zijn afwijzing van „zwelgende" mystici, maar die tegelijkertijd meent dat er in tijden van de „struisvogelpolitiek" van het verstand veel gewonnen zou zijn „wanneer men zich aanwende het speciale verschijnsel mystiek niet als iets afzonderlijks (...), maar als verlengstuk van een 'normale' psychische behoefte te beschouwen".

[12] Gellner, bijvoorbeeld, beschrijft de huidige „triangular situation" van drie „basic positions": 1. religieus fundamentalisme; 2. relativisme en 3. Verlicht rationalisme of rationalistisch fundamentalisme. In de Postmoderne, multiculturele samenleving kan het begrip 'kennis' niet meer vanuit één perspectief gedefinieerd worden. Pas onder deze omstandigheden, waarvan volgens Gellner nog niemand bevroeden kan wat de sociale implicaties precies zullen zijn, kan de dialoog tussen verschillende waardensystemen de plaats van 'dictatoriale' vormen van fundamentalisme innemen, hoewel „the precise details of scientific method, of the cognitive procedure discovered in the course of the Scientific Revolution and codified by the Enlightenment, continue to be contentious" (Gellner 1992:80).

Literatuuropgave

Bauman, Zygmunt (1987), *Legislators and Interpreters. On Modernity, Post-Modernity and Intellectuals.* Cambridge 1987, Polity Press.

Bauman, Zygmunt (1991), *Modernity and Ambivalence.* Cambridge 1991, Polity Press.

Borgers, Gerrit (1971), *Paul van Ostaijen. Een documentatie.* Amsterdam 1971, Bert Bakker.

Braak, Menno ter (1980a), *Verzameld werk.* Deel 3. Amsterdam 1980, Van Oorschot.

Braak, Menno ter (1980b), *Verzameld werk.* Deel 6. Amsterdam 1980, Van Oorschot.

Casimir, H.B.G. (1987), 'Dichtkunst en natuurwetenschap'. In: *De Gids,* jg. 150, nr. 1, 1987, pp. 30-39.

Cohen, Anthony P. (1995), *The Symbolic Construction of Community.* London/New York 1995, Routledge.

Draaisma, Douwe (1993), *Metaforen van het geheugen.* Utrecht 1993, ISOR.

Fontijn, Jan (1993), 'Het koninkrijk Gods is in mijn inkt en in mijn pen'. In: M. Buwalda (red.), *Hogere sferen.* Amsterdam 1993, SLAA, pp. 137-160.

Gellner, Ernest (1983), *Nations and Nationalism.* Oxford 1983, Oxford University Press.

Gellner, Ernest (1992), *Postmodernism, Reason and Religion.* London/New York 1992, Routledge.

Gerretson, F. [= G. Gossaert] (1911), *Prolegomena der Sociologie.* Haarlem 1911, Tjeenk Willink en zoon.

Giddens, Anthony (1990), *The Consequences of Modernity.* Cambridge/Oxford 1990, Polity Press.

Giddens, Anthony (1991), *Modernity and Self-Identity.* Cambridge/Oxford 1991, Polity Press.

Hutcheon, Linda (1988), *A Poetics of Postmodernism. History, Theory, Fiction.* New York/London 1988, Routledge.

Kloos, Willem (1904), *Veertien jaar literatuurgeschiedenis.* Deel 1. Amsterdam 1904, Versluys.

Loo, Hans van der en Willem van Reijen (1990), *Paradoxen van modernisering.* Muiderberg 1990, Coutinho.

Marsman, Hendrik (1963), 'De sprong in het duister'. In: Hendrik Marsman, *Verzameld werk.* Amsterdam 1963, Querido, pp. 589-591.

McHale, Brian (1989), *Postmodernist Fiction.* London/New York 1989, Routledge.

Mommaas, Hans (1993), *Moderniteit, vrijetijd en de stad. Sporen van maatschappelijke transformatie en continuïteit.* Utrecht 1993, Jan van Arkel.

Perloff, Marjorie (1985), *The Dance of the Intellect.* Cambridge (etc.) 1985, Stanford University Press.

Perron, E. du (1955), *Verzameld werk.* Deel 2. Amsterdam 1955, Van Oorschot.

Poincaré, Henri (1902), *Science and Hypothesis.* New York 1952 (1902^1), Dover Press.

Polet, Sybren (1993), *De creatieve factor. Kleine kritiek der creatieve on-rede.* Amsterdam 1993, Wereldbibliotheek.

Schippers, K. (1980), 'Liefdesgedicht'. In: K. Schippers, *Een leeuwerik boven een weiland. Een keuze uit de gedichten.* Amsterdam 1980, Querido, p. 11.

Slauerhoff, Jan (1995), 'Hollandse elegie'. In: Jan Slauerhoff, *Verzamelde gedichten.* Amsterdam 1995, Nijgh & Van Ditmar, p. 814.

Spinoy, Erik (1995), 'Logica en esthetica'. In: *Spiegel der Letteren,* jg. 37, nr. 2-3, 1995, pp. 89-128.

Spinoy, Erik (1996), 'Kritische filosofie en politiek bij de late Van Ostaijen'. In: G. Buelens en E. Spinoy (red.), *De stem der Loreley. Over Paul van Ostaijen.* Amsterdam 1996, Bert Bakker, pp. 210-238.

Stevens, Wallace (1951), *The Necessary Angel.* New York 1951, Vintage Books (Reprint).

Tönnies, Ferdinand (1887), *Gemeinschaft und Gesellschaft. Grundbegriffe der reinen Soziologie.* Berlijn 1912 (1887^1), Curtius.

Vaessens, Thomas (1994), 'Un 'programme double et contrastif' pour la poésie. Aspects de la poétique de Paul van Ostaijen'. In: *Études Germaniques,* jg. 49, nr. 4, 1994, pp. 429-442.

Vervliet, R. (1988), 'Van Nu en Straks 1893-1901'. In: M. Rutten en J. Weisgerber (red.), *Van Arm Vlaanderen tot De voorstad groeit. De opbloei van de Vlaamse letterkunde van Teirlinck-Stijns tot L.P. Boon (1888-1946).* Antwerpen 1988, Standaard, pp. 78-225.

Wesseling, Lies (1991), 'De politiek van het postmodernisme: utopie en geschiedenis'. In: *Forum der Letteren,* jg. 32, nr. 1, 1991, pp. 23-34.

Zijderveld, A.C. (1990), *Sociologie als cultuurwetenschap.* Utrecht 1990, Lemma.

VAN OSTAIJEN ALS LITERATUURCRITICUS:
'CONCEPTIE' EN 'TECHNIEK'

Erik SPINOY
K.U.Leuven

Zoals bekend is Van Ostaijen zich eigenlijk pas relatief laat op min of meer syste-matische wijze op de literatuurkritiek gaan toeleggen. De meeste van zijn grote teksten tot en met de Berlijnse tijd, d.i. tot 1921, hebben betrekking op de moder-nistische beweging als zodanig en op individuele plastische kunstenaars uit die beweging. Denken we in dit verband maar aan 'Ekspressionisme in Vlaanderen', de manifest-tekst 'Et voilà', 'Wat is er met Picasso' en de opstellen over Paul Joostens, de gebroeders Jespers en Campendonk. In de eerste twee jaar na de terugkeer uit Berlijn blijkt Van Ostaijen met een 'crisis' te worstelen, die — onder meer als gevolg van het slechte onthaal dat *Bezette Stad* te beurt was gevallen — gepaard gaat met fundamentele twijfels aan het nut van zijn kunstenaarschap.[1] In die tijd zou hij nauwelijks nog iets schrijven: het filmscenario 'De bankroet-jazz', een enkel gedicht ('Winter') en de apologetische 'Open brief aan Jos. Léonard'. Alleen deze laatste tekst zou hij ook meteen publiceren.

Uit die impasse lijkt hij in 1923 echter stilaan los te komen. In de loop van dat jaar publiceert hij een aantal gedichten en grotesken en gaat hij in op het verzoek van Jozef Muls om voor diens tijdschrift *Vlaamsche Arbeid* de kroniek Neder-landse letterkunde te verzorgen. Zoals Borgers (1971:504) aangeeft, wilde Van Ostaijen met zijn eerste literair-kritische tekst voor Muls' blad duidelijk zijn positie bepalen in de contemporaine discussie over de literatuur én de fundamentele principes en concepten toelichten die hij in zijn kritieken wilde gaan hanteren. Dit resulteerde in het lange opstel 'Modernistiese dichters', in juni 1923 geschreven en in *Vlaamsche Arbeid* gepubliceerd in de herfst van dat jaar.[2]

De concrete aanleiding tot het schrijven van 'Modernistiese dichters' was „de polemiek over moderne dichtkunst, die in De Stem tot ontwikkeling was gekomen" (Borgers 1971:525).[3] Van Ostaijens belangrijkste opponent daarbij was de traditiona-listische katholieke criticus Urbain van de Voorde. Het is echter niet in de eerste plaats deze polemiek die me hier interesseert. Veeleer wil ik ingaan op de door Van Ostaijen voorgestelde kritische principes en concepten. Onvermijdelijk zal Van Osta-ijens bepaling van zijn eigen positie daarbij natuurlijk wel ter sprake komen. Ter af-sluiting van mijn bijdrage wil ik nog kort aantonen dat Van Ostaijen in zijn latere kritische praktijk inderdaad consequent met de besproken concepten opereert.

1. *De 'conceptie'*

Wie over kunst reflecteert, stelt Van Ostaijen in 'Modernistiese dichters', moet op twee fundamentele vragen antwoorden: de vraag naar de conceptie, en die naar de techniek. Alleen zo kan men erin slagen om een meer dan oppervlakkig inzicht in de karakteristieken van een kunstwerk, een œuvre of een kunstrichting te verwerven. Een kritiek die niet aan deze eisen voldoet, moet in Van Ostaijens ogen dan ook worden afgewezen. Zo verzet hij zich in 'Modernistiese dichters' resoluut tegen Van de Voordes voorstelling van de jongere dichters in Vlaanderen als „een solidaire nieuwe generatie" (IV:161),[4] omdat die voorstelling volgens hem niet gebaseerd is op een onderzoek van de conceptie en de techniek van deze dichters.

Dit uitgangspunt is overigens niet nieuw in Van Ostaijens kritische opvattingen. Al in het *Sienjaal*-prospectus (1921) had hij over de kunstkritiek geschreven: „De kritiek heeft slechts op twee vragen te antwoorden. De vraag naar het vizioenaire in het werk (de spiritualistiese inhoud) en deze naar de gelijkwaardige techniese realisering van deze vizie in het kunstwerk" (IV:127-128). Deze eisen blijkt hij twee jaar later dus ook onverkort aan de literatuurkritiek te stellen. In het licht van een onderzoek naar de apriori's van Van Ostaijens praktijk als literatuurcriticus is het dan ook van het grootste belang om precieze antwoorden te formuleren op vragen als: wat bedoelt Van Ostaijen precies met 'conceptie' en 'techniek'? Hoe ziet hij de relatie tussen beide? Waaraan hecht hij bij het vellen van een oordeel het grootste belang? En: hoe omschrijft hij zijn eigen conceptie en de daarbij passende techniek?

Als synoniem voor 'conceptie' gebruikt Van Ostaijen in 'Modernistiese dichters' een hele waaier aan termen, zoals: „het standpunt in de fenomenaliteit" (IV:161), de „opvatting" (IV:161), de „aperceptie" (IV:162), „de lyriese ontroering" (IV:162-163), de „voorstelling" (IV:163), het „standpunt" (IV:163, 164 en 167), „la manière de penser les choses" (IV:163),[5] „de wijze de dingen, ja de wijze de fenomenen te denken" (IV:164),[6] „het visioenaire" (IV:171), en de „visie" (IV:171). Wat hij met al die termen bedoelt, valt goeddeels af te leiden uit enkele concrete besprekingen van een 'conceptie'.

Zo constateert hij, nog steeds in 'Modernistiese dichters', bij zijn humanitair expressionistische generatiegenoten: „een mateloos uitbuiten van het élan, een voorkeur voor zulke gebeurtenissen die, omdat zij gewoon zijn, nederig worden gewaand; een voorliefde voor het souvenir niet als fenomeen maar om zijn pathetiese nederigheid" (IV:162). Elders typeert hij de conceptie van de 'rechtse' expressionisten in Duitsland als volgt: „in de psychiese oorzaak een hang naar het pathetiese (leidenschaftliche)" (IV:176), „pathetiese menselikheid" (IV:176) en een zonder reserve of „distans" (IV:176) opgaan in de verschijnselen — de „lokaalfeiten" (IV:176). En, hierbij aansluitend:

Tegenover de fenomenen staan deze schilders en dichters zó dat hun sympathie — (in oorspronkelike betekenis) — met de fenomenen hoofdzaak is; deze fenomenen echter zijn reeds — noodzakelik subjektieve visie — in de stroom aller dingen der deze kunstenaars eigen pathetiek gevat (IV:176).

Uit de manier waarop Van Ostaijen hier en elders met de conceptie-notie opereert, kan worden opgemaakt dat hij onder 'conceptie' datgene verstaat wat het 'eigene' van een kunstenaar of kunstrichting uitmaakt en aan de technische realisering van het kunstwerk voorafgaat. Elementen van een 'conceptie' kunnen zijn: een algemene gevoelsambiance (bijvoorbeeld „een hang naar het pathetiese"), een symptomatisch terugkerende selectie en appreciatie („een voorkeur voor...", „een voorliefde voor...") van bepaalde fenomenen, het verzonken blijven in dan wel een zich verheffen boven de fenomenaliteit. De 'conceptie' kan op grond hiervan dan ook wellicht het beste worden omschreven als een soort van algemene „geestelike houding"[7] die het kunstenaar-subject in zijn relatie tot zijn *Umwelt* karakteriseert.

In deze betekenis blijkt Van Ostaijen zijn conceptiebegrip ook in latere opstellen te gebruiken. Dat wordt treffend geïllustreerd door zijn in 1926 verschenen bespreking van Karel van de Woestijnes gedichtenbundel *Zon in den rug*. In dat artikel blijkt Van Ostaijen als kenmerkend voor Van de Woestijnes „voorstelling" (IV:358) te beschouwen: het uitdrukken van „een *persoonlik noodlot*" (IV:358), een eenzijdige oriëntering op en een overweldigd-worden door de wereld van de zinnen en een bittere melancholie om het eigen onvermogen deze wereld te overstijgen: „De aardse aarde is deze dichter reeds te zwaar, haar fenomenen overmannen hem zo dat hij niet meer over hare atmosfeer uit kan. Daarom ook is zijn melancholie bitter, (...) omdat zij langs geen enkele zijde van de aarde weg kan" (IV:358). Deze oriëntering bepaalt volgens Van Ostaijen ook Van de Woestijnes „keuze onder de fenomenen" (IV:358), die gekenmerkt wordt door een „aksentuering van het stoffelike" (IV:360).

2. *Van Ostaijens 'conceptie'*

Het Van de Woestijne-opstel is des te interessanter omdat Van Ostaijen er impliciet uitsluitsel geeft over zijn eigen conceptie, die kennelijk als radicaal tegengesteld moet worden gedacht aan die van Van de Woestijne. Nadat hij Van de Woestijnes conceptie als „sensualisties gedetermineerd" (IV:357) heeft omschreven, situeert hij haar op een soort van 'conceptie-scala':

> Indien men een utopies volmaakte wereldvoorstelling, die met de wereldwaarheid op alle punten zou koïnci6eren, zich als een cirkel voorstelt, dan zou elke individuële voorstelling tot gene utopies volmaakte staan, als tot de cirkel een tussen twee stralen van die cirkel uitgesneden sektor. De stralen die b.v. de sektor „Mechtild von Magdeburg" bepalen liggen ver van deze die „Karel v.d. Woestijne" begrenzen. (IV:357)

Als Van Ostaijens conceptie tegengesteld is aan die van Van de Woestijne, dan moet ze logischerwijze in de buurt liggen van die van Mechtild von Magdeburg. De 'sensualistische' Van de Woestijne zit opgesloten in de wereld van de zinnen. De mystica Mechtild von Magdeburg, daarentegen, probeert vanuit die wereld op te stijgen naar het bovenzinnelijke. Kennelijk beschouwt Van Ostaijen een vergelijkbaar 'anti-sensualistisch' streven als wezenlijk voor zijn eigen conceptie.

Uit het Van de Woestijne-opstel laat zich nog een tweede kenmerk van Van Ostaijens conceptie afleiden. Over Van de Woestijnes gedicht 'De vrouw Helena' merkt Van Ostaijen op dat hier niet het „*noodlot van de soort* in het midden staat, maar wel een *persoonlik noodlot*" (IV:358). Van Ostaijen, van zijn kant, is juist vooral in dat „noodlot van de soort" geïnteresseerd. Zijn conceptie moet dan ook berusten op een streven naar het maximaal uit de voorstelling elimineren van het empirische subject, het individu, met alles wat daarbij hoort aan individuele psychologie en sentimenten. Daarnaast moet ook het kunstenaar-subject zoveel mogelijk abstractie maken van zichzelf als individu — als *fenomeen*. Net als zijn 'anti-sensualisme' wordt ook Van Ostaijens 'anti-individualisme' gemotiveerd door een ruimer streven om zich boven de fenomenaliteit te verheffen.

Beide, het 'anti-sensualisme' en het 'anti-individualisme', zijn zonder enige moeite ook in 'Modernistiese dichters' terug te vinden, tot in de titels van afzonderlijke fragmenten toe: tot de langste afdelingen van 'Modernistiese dichters' behoren 'Sensualisme' en 'Individualisme in de kunst', die — zoals op grond van het voorgaande verwacht kon worden — een scherpe afwijzing van beide 'ismen' formuleren. Van Ostaijens conceptie heeft dus kennelijk al in 'Modernistiese dichters' grotendeels een definitieve vorm gekregen.

Als Van Ostaijen Van de Voordes conceptie als verouderd („20-jaar-te-laat" (IV:166))[8] afwijst, dan motiveert hij dat oordeel in de eerste plaats door te wijzen op Van de Voordes 'sensualisme'. Het gevolg van dat 'sensualisme' is dat de centrale problematiek van Van de Voordes conceptie, die van „de mens die strijdt met zijn zinnen" (IV:166), in zijn poëzie te „persoonlik voorgesteld" (IV:166) wordt. De problematiek van 'de strijd met de zinnen' als zodanig wijst Van Ostaijen dus significant genoeg niet af. Maar de voorstelling ervan is naar zijn smaak te veel verbonden met het 'toevallige' empirische individu Van de Voorde, dat enkel *binnen* de fenomenaliteit 'met zijn zinnen' kan 'strijden' en er bijgevolg toe veroordeeld is om in de fenomenale orde gevangen te blijven.

Het zijn precies die verzonkenheid in de zinnelijke wereld en het onbegrip voor een streven om daaraan te ontstijgen die Van Ostaijen bij Van de Voorde bekritiseert. Van de Voordes conceptie, schrijft Van Ostaijen in 'Sensualisme', blijft te veel een standpunt *in* de fenomenaliteit: „Men mag (...) niet bij monde van de zinnelikheid spreken; anders gezegd de conceptie van de dichter mag niet te reduceren zijn tot een lyries equivalent van sensualistiese levensbeschouwing" (IV:166-167). De 'goede' conceptie impliceert een standpunt *tegenover* of boven de fenomenaliteit, gecombineerd met het lucide besef dat wat wij kennen *maar* fenomenen zijn („het weten om de fenomenaliteit der dingen" (IV:168)), en niet de dingen zoals ze 'wezenlijk' zijn: „Alles is *mij* fenomeen en enkel als fenomeen gegeven: de objekten van de zogezeide buitenwereld niet meer dan ervaringen met een psychies-subjektief karakter" (IV:168). Van Ostaijens conceptie veronderstelt dan ook een radicale afstandelijkheid tegenover de wereld van de zinnen als zodanig.

Zoals we eerder aangaven, moet Van Ostaijens 'anti-sensualisme' gerelateerd worden aan een algemeen streven om zich boven de wereld van de verschijnselen te verheffen — een streven, kortom, naar het bovenzinnelijke, naar het overschrijden van de „zinnekim" (II:219). Hetzelfde geldt voor zijn 'anti-individualisme'. Dit vloeit immers voort uit zijn streven naar de eliminatie van de mens als individu — als 'toevallig', empirisch verschijnsel — en is dus eveneens een verbijzonderde vorm van het streven naar het metafysische. Het genoemde streven is natuurlijk Van Ostaijens beroemde streven naar 'ontindividualisering', dat uiteindelijk tot een volstrekte anonimiteit moet leiden. Van Ostaijen beseft weliswaar dat een absolute ontindividualisering voor mensen niet bereikbaar is. De 'goede' conceptie wordt naar zijn inzicht echter ten minste door het *streven* ernaar gekenmerkt. Een auteur bij wie Van Ostaijen dat streven onderkent is Gogol, „het meest schitterende voorbeeld van een anonieme kunst" (IV:170) dat de negentiende eeuw heeft voortgebracht:

> Bij Gogol (...) is de anonimiteit hoogste ideaal; zij is bewust: op al deze fenomenen wordt de specifieke voorstelling van het onpersoonlike toegepast. Het bewustzijn heeft reeds daarvoor gezorgd de elementen te zuiveren die én in het bewustzijn én in het onderbewustzijn de personaliteit vormen (IV:170-171).

Ook bij Gogol blijft de volstrekte anonimiteit een onbereikbaar „hoogste ideaal". Het streven ernaar resulteert in het maximaal elimineren van alles wat deel uitmaakt van „de personaliteit", maar kan nooit zo radicaal worden doorgevoerd dat het het subject compleet kan 'ontindividualiseren'. Toch is dit het hoogste waar mensen toe in staat zijn:

> Gogol maakt van een persoon een pop; een pop is natuurlijk nog steeds een pop en — hoe grof ook — draagt zij nog het signet van de snijder; maar voor ons, mensen, is het reeds vrij goed een pop te kunnen maken. Er blijft steeds individuële voorkeur bestaan, hoe gering ook, en hoe sterk de tendens ook was deze te weren. (IV:171)[9]

Het individuele element („het signet van de snijder", de „individuële voorkeur") laat zich dus nooit helemaal uitschakelen. Belangrijk is echter dat wordt *geprobeerd* om het te elimineren en dat de conceptie bijgevolg ten minste naar de *tendens* anti-individualistisch is.

Gesteld dat een subject erin zou slagen zich geheel en al boven de fenomenaliteit te verheffen, dan treedt het toe tot het bovenzinnelijke domein en verwerft het volmaakte kennis — kennis van de dingen zoals ze *an sich* zijn. Zoals gezegd is dit streefdoel voor mensen niet bereikbaar. „Elke ons gegeven reinheid is bevlekt", schrijft Van Ostaijen in de 'Open brief aan Jos. Léonard'. Wel acht hij het mogelijk om die 'bevlekking' minimaal te houden. Als wij proberen onszelf zo 'anoniem' mogelijk te maken, dan zullen onze voorstellingen een algemeen, synthetisch karakter aannemen en daardoor in elk geval 'wezenlijker' zijn dan individuele voorstellingen. Dit brengt Van Ostaijen tot het concept van het 'fantasma': een synthetisch voorstellingsbeeld dat het wezen, de (aan de platonische idee herinnerende) oervorm van het ding, benadert.[10] Opnieuw verwijst Van Ostaijen daarbij naar het voorbeeld van Gogol, die er precies door zijn streven naar 'anonimiteit' in slaagt om de dingen van hun 'toevallige' gedaante te ontdoen. Dit resulteert in 'fantasmatische' voorstellingen, die weliswaar niet samenvallen met het oerbeeld van de dingen, maar er toch meer op 'lijken' — en dus 'wezenlijker' zijn — dan individuele voorstellingen. Zoals we hebben gezien gebruikt Van Ostaijen in dit verband het beeld van een pop: ook die verschilt radicaal van het origineel waarop ze gemodelleerd is, maar vertoont er niettemin duidelijke overeenkomsten mee. Meer kunnen we niet bereiken: „voor ons, mensen, is het reeds vrij goed een pop te kunnen maken" (IV:171).

Een andere consequentie van het streven naar het bovenzinnelijke dat Van Ostaijen als kenmerkend voor zijn conceptie beschouwt, is een scherpe afwijzing van de categorieën:

> Bij de links-expressionisten (...) gaat het tegen de kategorie zelve. De hoogste wens: zich zovér mogelijk van de drukkende schaduw der kategorieën, voornamelik van deze der kausaliteit, te verwijderen. Natuurlik is ook dit een onbereikbare grens. (IV:176)

Van Ostaijen rekent zichzelf duidelijk tot de 'links-expressionisten' en spreekt hierbij implicatie dus ook over zijn eigen 'conceptie'. Wat bedoelt hij dan als hij stelt dat het hem erom begonnen is zich te bevrijden van de dwang van de categorieën? Van Ostaijen beroept zich hier, zoals hij dat ook elders in 'Modernistiese dichters' doet, op Kants kennisleer. Onder categorieën verstaat Kant de grondbegrippen die het verstand in staat stellen om zintuiglijke gewaarwordingen met begrippen te verbinden en zo tot kennis van de verschijnselen te komen. Daarbuiten is er voor de categorieën geen enkel legitiem gebruik. Wat buiten de wereld van de zinnen ligt, is „durch keine Kategorien zu erkennen".[11] In het licht van zijn verdediging van het streven naar het bovenzinnelijke is het dan ook maar logisch dat Van Ostaijen van „de drukkende schaduw der kategorieën" spreekt en dat hij zich aan de dwang ervan wenst te onttrekken.[12]

Van Ostaijens verzet tegen de categorieën houdt ten nauwste verband met zijn contestatie van de arrogantie van het verstand en het logisch-causale denken. Logica en (gezond) verstand hebben enkel geldingskracht in de wereld van de verschijnselen. In een poëzie die streeft naar het overstijgen van die wereld, hebben ze geen rol te spelen. Vandaar een uitspraak als deze:

> Ik tref bij de heer Van de Voorde aan deze eigenschap die aan de antipode van het dichterschap ligt en bon sens heet; niet enkel deze eigenschap tref ik aan, maar ook het korrelaat waaronder de bon sens al diegene die wanen hem te bezitten neerbukt: de gouden kalf-aanbidding van de bon sens. (IV:180)[13]

3. *De 'techniek'*

De conceptie alleen brengt nog geen kunstwerk tot stand. Daarvoor is het gebruik van technische middelen vereist, die het in een bepaalde kunst ter beschikking staande materiaal vorm geven. Dit belet uiteraard niet dat conceptie en techniek nauw met elkaar verbonden (horen te) zijn: „de vraag naar de conceptie (...) en naar de techniek, — wat voor 9/10 reeds een pleonasme (is)" (IV:163). De vraag is hoe we ons dat verband moeten voorstellen.

Kort samengevat lijken Van Ostaijens ideeën over de relatie tussen conceptie en techniek hierop neer te komen: als de kunstenaar zijn conceptie in een kunstwerk tot uitdrukking wil brengen, ligt het voor de hand dat de technische middelen die hij selecteert voor het maken van het kunstwerk, met die conceptie in verband staan. De keuze van de middelen is met andere woorden normaliter *'gemotiveerd'* door de conceptie. Verder ontwikkelt het kunstwerk zich echter autonoom. Doordat de conceptie de techniek motiveert, is het doorgaans mogelijk om aan de gebruikte artistieke technieken de onderliggende conceptie te herkennen. Zo heeft Van Ostaijen het in verband met de dichters van zijn eigen generatie over „hun zeer diverse techniek die duidelik deze conceptie *illustreert*" (IV:161, cursivering van mij). En verderop, in 'Over expressionistiese techniek', heeft hij het over „de *vertaling* in het formele" van „de psychiese oorzaak" (IV:176, cursivering van mij).[14]

De keuze van de metaforen 'illustratie' en 'vertaling' is revelerend voor de manier waarop Van Ostaijen zich de relatie tussen conceptie en techniek voorstelt. Zoals een vertaling en een illustratie kan de technische realisering weliswaar op zichzelf worden gezien, maar ontleent ze tegelijk haar bestaansreden (haar 'motivatie') aan een extern moment, en wordt ze ook alleen maar in haar relatie met dat externe moment begrepen zoals ze bedoeld is. De (afwezige) conceptie is aangewezen op de technische realisering, die echter zelf maar tot stand komt als gevolg van de behoefte, de noodzaak om de conceptie tot uitdrukking te brengen.

Als het gebruikte technische arsenaal volledig door de conceptie wordt gemotiveerd, dan is deze laatste 'gemechaniseerd', 'uitdrukking geworden', waardoor meteen de voorwaarde is vervuld om van een 'geslaagd' kunstwerk te spreken:

> Van een schilderij van Gleizes, van een gedicht van August Stramm kan ik zeggen dat het visioenaire gans uitdrukking werd, dat het visioenaire in dezelfde zin werd gemechaniseerd als dit bij Gogol het geval is. (IV:171)

Door de vraag te stellen of de technische realisering van een kunstwerk adequaat is voor de conceptie ervan, krijgt Van Ostaijen de beschikking over een 'onpersoonlijk' criterium om een kunstwerk al dan niet geslaagd te noemen en wordt hij bijgevolg ook in de mogelijkheid gesteld om een oordeel uit te spreken over een kunstwerk met een conceptie die niet de zijne is. Zo schrijft Van Ostaijen in de 'Open brief aan Jos. Léonard': „Een benaderend objektief oordeel heeft slechts waarde wanneer het is van iemand die zijn standpunt heeft dans la mêlée. Dan zeggen: „dit kunstwerk breekt hier met mijn opvatting, maar welke kwaliteit", zulks kan klank hebben" (IV:148).

Het duidelijkste voorbeeld van een door een welbepaalde conceptie gemotiveerde techniek dat Van Ostaijen in 'Modernistiese dichters' geeft, is dat van het humanitair expressionisme. Zijn onderzoek van dit expressionisme brengt hem in 'Over expressionistiese techniek' tot de volgende vaststellingen: „in de psychiese oorzaak een hang naar het pathetiese (leidenschaftliche) waarvan *de vertaling in het formele* is de barok van de tekening. (...) Verder *manifesteert zich* deze pathetiese menselikheid daardoor barok dat op de formele samenhang niet een aksent wordt gelegd" (IV:176, cursivering van mij). Het humanitair expressionistische pathos, de „psychiese oorzaak", is dus niet zelf in het kunstwerk aanwezig, maar manifesteert zich wel in de voorkeur voor bepaalde technieken. Vandaar: „Het pathetiese is maatstaf geworden aller dingen; niet enkel als motoriese kracht, maar ook als formele uitdrukkingswijze" (IV:176).

4. *Van Ostaijens 'techniek'*

Vanzelfsprekend rijst in dit verband de vraag op welke technische middelen de kunstenaar met de door Van Ostaijen geprefereerde conceptie een beroep doet. Vreemd genoeg gaat Van Ostaijen in 'Modernistiese dichters' nauwelijks op deze vraag in — op één uitzondering na. De enige techniek die Van Ostaijen hier expliciet met zijn eigen conceptie in verband brengt, is de techniek van de associatie.

De associatie komt al in het begin van 'Modernistiese dichters' ter sprake. Van Ostaijen gebruikt de term daar als antoniem van het 'beeld', waarmee hij de traditionele vergelijking lijkt te bedoelen: „er bestaat wel degelik een technies verschil waar sommige dichters bij een zware beeldspraak blijven, andere de associatie verkiezen" (IV:163). Van Ostaijens afwijzing van het beeld wordt gemotiveerd door zijn conceptie. Zo constateert hij dat de beeldspraak in de poëzie van Moens en Mussche „als een verduideliking is bedoeld (immers de „vernietiging Dada", het a-priori alogiese zullen beide dichters wel verwerpen)" (IV:162). Zoals hieruit kan worden opgemaakt, hangt Van Ostaijens voorkeur voor de associatie ten nauwste samen met zijn verzet tegen de logica. In 'Over expressionistiese techniek' komt hij op de tegenstelling beeldspraak/associatie nog eens terug. Ook daar blijkt hij het beeld te verstandelijk, te 'logisch' te vinden: het „legt uit" (IV:177), waarbij het tweede lid als enige functie heeft „het eerste lid te verklaren" (IV:177). Het is dan ook normaal dat Van Ostaijens voorkeur uitgaat naar dichters bij wie „het gebruik van het beeld uiterst gering" (IV:177) is, en die in de plaats daarvan de associatie gebruiken: „In de plaats van het beeld stellen wij de associatie. Het gebeurt dat gans het gedicht slechts één ketting is van associatief verbonden werkelijkheden" (IV:177).[15] Wat Van Ostaijen aan de associatie zo bevalt, is dat ze een

andere causaliteit in het gedicht installeert dan die van de logica en de natuur-
wetten — een causaliteit die voor het verstand radicaal transcendent blijft en der-
halve als een manifestatie van het 'bovenzinnelijke' kan worden beschouwd.

In mijn doctorale dissertatie heb ik, in aansluiting hierbij, onderzocht of en in
hoeverre het verhelderend kan zijn ook de andere aspecten van zijn poëtische
techniek die Van Ostaijen in latere opstellen ter sprake brengt, te relateren aan de
conceptie die hen 'motiveert'. Ik denk in dit verband aan zijn voorkeur voor een
zich spontaan en esoterisch opbouwend gedicht en, daaraan verbonden, voor
zekere primitivistische tendensen in de taalhantering, aan de afwijzing van vooraf
vastliggende compositionele elementen (metrum, rijmschema, verslengte,...), aan
de zware nadruk op de muzikaliteit van de taal, aan het streven naar „de volledige
armoede van het onderwerp" (IV:377) en aan zijn blijvende afwijzing van de technische arsenalen van naturalisme, impressionisme en humanitair expressionisme.
Het zou me uiteraard te ver leiden om dat hier uitgebreid te illustreren, maar met
betrekking tot elk van die gevallen is het mogelijk om een — vaak door Van Ostaijen zelf geëxpliciteerd — verband te leggen met Van Ostaijens conceptie, en dus
ook met het die conceptie kenmerkende streven naar het bovenzinnelijke of met
een verbijzonderde vorm daarvan: het 'anti-sensualisme', het 'anti-individualisme',
het verzet tegen de dominantie van het verstand en de logica in de poëzie, en het
streven naar synthetische, 'fantasmatische' voorstellingen.[16]

5. *Van Ostaijens praktijk als literatuurcriticus*

De principes die Van Ostaijen in 'Modernistiese dichters' uiteenzet, blijkt hij in zijn
kritieken zeer consequent toe te passen. Systematisch onderzoekt hij de specifieke
'voorstelling' van de besproken auteur, om vervolgens na te gaan hoe deze voorstelling technisch wordt gerealiseerd.[17] Deze werkwijze stelt hem in staat om een min of
meer objectief oordeel te formuleren. Dat wil zeggen dat hij weliswaar zijn sympathie
voor auteurs met een vergelijkbare conceptie als de zijne niet onder stoelen of banken
steekt, maar dat dit niet uitsluit dat hij ook andere auteurs positief beoordeelt.

De vraag waar Van Ostaijen als criticus van uitgaat, is dus of er bij de te beoor-
delen kunstenaar sprake is van een zich met onmiskenbare noodzaak in het kunstwerk manifesterende conceptie. Het antwoord op deze vraag is in hoge mate be-
palend voor zijn uiteindelijke oordeel over het te bespreken werk. Zo spreekt Van
Ostaijen zijn waardering uit voor Auguste Mambour omdat diens werk blijk geeft
van „een voorstelling die van hem is" (IV:303) en voor Henri Bruning omdat „de
Bruning'se vizie (...) scherp" is (IV:320). Telkens wanneer hij in een van zijn
recensies tot de conclusie komt dat in het besproken werk geen duidelijke conceptie kan worden teruggevonden, geeft dat besluit aanleiding tot een negatief oordeel. Zo veroordeelt Van Ostaijen *Poèmes* van Paul-Gustave van Hecke (IV:240),
Liederen voor Maria van August van Cauwelaert (IV:283-284), *Schaduw der vleugelen*

van Karel van den Oever (IV:299) en *Seinen* van Albert Kuyle (IV:323) omdat er geen duidelijke en sterke 'voorstelling' uit spreekt. Ook Floris Jespers moet het om deze reden ontgelden: „Il n'y a rien de décidé dans l'attitude qui précède l'œuvre" (IV:238-239). Hoe belangrijk Van Ostaijen de conceptie wel vindt, blijkt uit het feit dat hij een werk dat hij in technisch opzicht min of meer mislukt vindt, meer dan eens toch overwegend positief beoordeelt omdat er een overtuigende conceptie uit spreekt. Dat is bijvoorbeeld het geval in zijn bespreking van Gilliams, wiens debuut in technisch opzicht „vreselike onvolkomenheden" (IV:291)[18] vertoont, maar tegelijk ook blijk geeft van een opmerkelijke „noodzakelikheid" (IV:291)[19] naar de conceptie. Het is dankzij de overtuigingskracht van zijn conceptie dat Gilliams „spijts alles een dichter is" (IV:292).[20]

Dit onderzoek naar de conceptie wordt door Van Ostaijen doorgaans consequent verbonden aan een onderzoek naar de techniek, die aan de conceptie een „onmiddelbare uitdrukking" (IV:194) dient te verlenen.[21] Bijgevolg hangt het antwoord op de vraag of een kunstwerk in het algemeen en een literair werk in het bijzonder al dan niet geslaagd mag heten, af van drie vragen: getuigt het voorliggende werk van een dwingende voorstelling? Getuigt het van technische bekwaamheid? Vormen de gebruikte middelen een adequate 'lokalisatie' van de conceptie?

Wie enigszins vertrouwd raakt met de late kritische geschriften komt al snel tot het inzicht dat de tweede vraag in Van Ostaijens ogen de minst belangrijke is. Zo ontbreekt het Floris Jespers, zoals we hebben gezien, in Van Ostaijens ogen aan een duidelijke voorstelling: „il n'y a pas de représentation homogène chez Jespers. Son œuvre ne révèle aucune contemplation spécifique" (IV:235). Die vaststelling belet hem niet om Jespers' technische virtuositeit en zijn geweldige beheersing van het vak te erkennen: „Floris Jespers est un peintre né. La part de Dieu est indéniablement présente en cet artiste" (IV:233-234). Toch is hij heel wat kritischer voor Jespers en andere 'virtuozen'[22] dan voor een Gilliams, bij wie hij een waarachtige voorstelling vindt, die echter op een lamentabele wijze wordt uitgedrukt. Bij Jespers leidt het gebrek aan een „voorstelling die van hem is" tot een zielloos en modieus experimenteren met de 'lokalisaties' van de voorstellingen van andere kunstenaars en bijgevolg tot — weliswaar erg knap — epigonenwerk: „chaque expérimentation qu'il tente n'est que l'application de deux ou trois autres (...) vues ailleurs" (IV:234).[23] De techniek moet met andere woorden een „source" (IV:236) hebben — een motivatie, die het gebruik ervan een dwingende noodzakelijkheid geeft. Dit is wat Jespers uit het oog verliest. Bijgevolg houdt hij „le processus pour le moteur du processus, les mouvements lithurgiques pour la transsubstantiation même" (IV: 238). Om dezelfde redenen kan Van Ostaijen weinig enthousiasme opbrengen voor Marsmans *Penthesileia,* dat weliswaar technisch knap is, maar onvoldoende „innerlike realiteit" heeft: „Iemand die de techniek van Marsman bezit, kan altijd, zonder innerlike realiteit, iets als *Penthesileia*" (IV:398).[24] Hoe belangrijk Van Ostaijen de

„innerlike realiteit" van het kunstwerk vindt, blijkt voorts ook uit deze opmerking aan het eind van de 'Gebruiksaanwijzing der lyriek': „Niet het geschrevene gedicht heeft belang — het is een pis-aller, maar wel het niet geschrevene, de gansheid van de dichter als voorstellend subjekt. Men moet het geschrevene gedicht slechts betrachten en fonction van het niet geschrevene geheel" (IV:379).

Omgekeerd is het natuurlijk wel zo dat gedichten moeilijk geslaagd kunnen heten wanneer ze, bij alle 'stevigheid' van de voorstelling, blijk geven van technische onbekwaamheid of, erger nog, gebrek aan „formele zorg" (IV:383). Zo schrijft Van Ostaijen over Van den Oever: „de kunst werd, in de expressionistiese waan dat alleen de intentie en de drang gelden, verwaarloosd" (IV:363).[25] En ook elders in zijn literaire kritieken trekt Van Ostaijen geregeld ten aanval tegen het „boerebedrog" (IV:334) van een literaire kritiek die gedichten beoordeelt volgens 'extra-lyrische' principes, in de trant van: „Kareltje is een goed dichter, want hij heeft het geloof in de mensheid" (IV:334).[26] Als de vorm van het kunstwerk voor Van Ostaijen zo belangrijk is, dan is dat echter niet omdat hij een formalist *pur sang* zou zijn, maar omdat de vorm de voorstelling op een adequate wijze moet 'lokaliseren'. De voorstelling moet 'vertaald' worden in het formele. Zoals Van Ostaijen in 'Marnix Gijsen' schrijft: de vorm is weliswaar „slechts een moulering" (IV:383), maar dat mag ons niet uit het oog laten verliezen dat deze „moulering" belangrijk en wezenlijk is omdat „gedichten nooit een originaal tonen maar alleen deze moulering" (IV:383).[27] Daarom moet de kunstenaar er niet alleen over waken dat hij tot een homogene voorstelling komt en, technisch gesproken, zijn vak kent, hij moet er ook voor zorgen dat de middelen die hij gebruikt een zo dwingend mogelijke 'vertaling' vormen van de voorstelling.

Zo'n geslaagde 'vertaling in het formele' is bij een dichter als Van den Oever op generlei wijze terug te vinden. Weliswaar waardeert Van Ostaijen bij Van den Oever dat die „zich inspant een kosmies standpunt in te nemen" (IV:366), maar Van den Oevers gedichten mislukken omdat zij geen doeltreffende 'lokalisatie' vormen van dat standpunt: „hij gelukt er niet in een lyries organisme te scheppen dat door zijn eigen leven bij de lezer de mogelikheid van het kosmiese aanvoelen prikkelt" (IV:366).[28] De door Van den Oever gehanteerde technische middelen worden niet ten diepste door zijn voorstelling gemotiveerd, waardoor zijn 'expressionistische' techniek artificieel, uiterlijk en wezenlijk „ornamentaal" (IV:300-302, passim) blijft — een euvel dat Van Ostaijen overigens ook bij andere Vlaamse en Nederlandse expressionisten vaststelt.[29]

Van de Woestijne, daarentegen, is voor Van Ostaijen een voorbeeld van hoe het wél moet, ook al wijken Van de Woestijnes voorstelling en techniek radicaal van de zijne af. Als Van de Woestijne volgens Van Ostaijen „op dit moment de sterkste is onder de vlaamse dichters" (IV:361), dan is dat precies omdat hij de hem kenmerkende voorstelling op een bijzonder overtuigende wijze formeel realiseert:

Van de Woestijne is „de enige vlaamse dichter in wiens werk wil en realisering zich tot op zo hoog een punt harmonies verhouden."[30]

De relatie tussen voorstelling en technische realisering moet in Van Ostaijens ogen zo direct en onopzettelijk mogelijk zijn.[31] Wordt de techniek op een al te beredeneerde en nadrukkelijke wijze gehanteerd, dan rijst het gevaar dat ze tot een „uiterlike stilistiek" (IV:265) verwordt. De voorstelling moet 'vlees en bloed' zijn geworden in de auteur en op een spontane en noodzakelijke manier de keuze van de middelen bepalen, waardoor de vorm dan „door zichzelf en gans van zelf" (IV:367)[32] de voorstelling uitdrukt. Is dat het geval, dan spreekt Van Ostaijen van „formele eerlikheid" (IV:364),[33] „d.i. de noodzakelikheid van de relatie tussen de intentie en de uitdrukking" (IV:364). Het is enkel en alleen op grond van déze 'eerlijkheid', en niet op grond van een 'eerlijkheid' begrepen als belijdenis, als een min of meer lineaire uitdrukking van de schrijver-'personaliteit', dat een literair werk positief gewaardeerd mag worden.

Noten

[1] Over die 'crisis', cf. Spinoy (1994:189-193).

[2] 'Modernistiese dichters' verscheen om precies te zijn in twee afleveringen in, respectievelijk, het september-oktober- en het november-december-nummer van *Vlaamsche Arbeid.* Cf. hierbij (IV:541) en Borgers (1971:504).

[3] Over deze polemiek, cf. verder ook Borgers (1971:494-495, 501 en 504) en Hadermann (1970:97).

[4] Voor Van de Voordes bewering, cf. Borgers (1971:523).

[5] Het citaat is van Cocteau.

[6] En ook: „de interpretatie van dit onderwerp, de wijze de dingen te denken" (IV:166).

[7] Door Van Ostaijen in de inleiding tot zijn Kafka-vertaling 'Tot overwegen voor hereruiters' gebruikte term ter aanduiding van Kafka's 'conceptie' (III:371). De term komt ook voor in het in 1924 geschreven opstel 'Dichters' (IV:213).

[8] Van Ostaijen ontleent deze omschrijving aan de in 1921 verschenen recensie van Achilles Mussche over Van de Voordes debuutbundel *De haard der ziel.* Cf. in dit verband Borgers (1971:495 en 525).

[9] Ook in 'Gemeenschapskunst' laat Van Ostaijen zich in deze zin uit (IV:174). Over de geciteerde passage, cf. ook Bogman (1991:139-140). Interessant is in dit verband dat in de groteske 'Intermezzo', die als een commentaar van Van Ostaijen op zijn eigen grotesken kan worden gelezen, het personage nr. 200 uit 'Het gevang in de hemel' opnieuw ten tonele verschijnt en daar zeer nadrukkelijk als een „popmens", „menspop" en „pop" wordt

omschreven: „Dan *schijnt* het alsof deze popromp bij middel harer poparmen haar popkop neemt en deze weer op haar popromp plaatst. Ook *schijnt* zij, — of hij, ingeval popmens in plaats van menspop, — de mond te openen" (III:261). Van Ostaijen lijkt hier dan ook te suggereren dat hij in zijn grotesken, net als Gogol in zijn proza, „onpersoonlike" poppen ten tonele voert.

[10] Over Van Ostaijens fantasma-concept, cf. verder Hadermann (1970:275-277), Blokhuis (1979) en Spinoy (1994:222, 337, 388-392 en 497).

[11] Immanuel Kant (1981 (1781/1787):A 256/B 312). Cf. ook Immanuel Kant (1981 (1781/1787):A 139/B 178, A 240-241/B 300 en A 696/B 724).

[12] Tot deze conclusie komt ook Hadermann (1970:274): „Aan deze wens ligt Kants „reine Vernunft" ten grondslag, die de mens tevergeefs uit de wereld der fenomenen en categorieën naar het „noumenon" doet streven." Voor een uitgebreide bespreking van de verhouding Van Ostaijen - Kant, cf. Spinoy (1994).

[13] Vergelijk in dit verband ook de slotalinea van de 'Open brief aan Jos. Léonard': „niet om mij te verdedigen tegen de repliek, ik zou inkonsekwent zijn, schrijf ik dit. Dit verwijt neem ik dankbaar op, postulerend de moed tot de inkonsekwens. Voor de dichter, is konsekwens invasie van het denken in het gebied van de aanschouwing" (IV:160). Cf. voorts ook 'Eind goed alles goed' (IV:147).

[14] De 'vertalingen'-metafoor wordt door Van Ostaijen ook in de 'Heinrich Campendonk'-opstellen gebruikt. Cf. (IV:137, 152 en 185).

[15] Overigens kan het gebruik van de associatie wél aanleiding geven tot *metaforen*, zoals behalve uit Van Ostaijens late artistieke praxis ook uit een uitlating als deze valt op te maken: „Met een beeld als het door de heer v.d.V. van Wies Moens geciteerde: „hun gelaat *als een Japans landschap*" kan ik me natuurlik niet verzoenen, veel meer het staat aan de antipode van wat mijn bedoeling is: de positieve uitdrukking. Ik zeg: „Wat *ben* je een prachtig weenautomaat."" (IV:178) Tegen dergelijk metaforisch taalgebruik lijkt Van Ostaijen niets te hebben, omdat het 'spontaan', in de zin van 'niet-verstandelijk', tot stand is gekomen.

[16] Cf. hierover Spinoy (1994:368-376, 398-404 en 521-544).

[17] Cf. in dit verband onder meer 'Oscar Jespers' (IV:218), 'August van Cauwelaert' (IV:283), 'Karel van den Oever I' (IV:299), 'Auguste Mambour' (IV:303), 'Henri Bruning en Albert Kuyle' (IV:316), 'Karel van de Woestijne' (IV:358), 'Marnix Gijsen' (IV:382) en 'Marsman of vijftig procent' (IV:393).

[18] Verderop stelt Van Ostaijen dat Gilliams in *De dichter en zijn schaduw* „slecht met zijn Pegasus weet om te gaan" (IV:292), waardoor er „vaak iets potsierliks (blijft) in het heerlikste gebaar van deze dichter" (IV:292). Cf. tenslotte ook (IV:293).

[19] Verderop heeft Van Ostaijen het over „de innerlike noodzakelikheid" (IV:292), „de lyriese drang" (IV:292), de „werkelike drang" (IV:292), ja „de fiziese drang" (IV:293, 294) die naar zijn gevoel uit Gilliams' gedichten spreekt.

[20] In dezelfde lijn ligt een eerdere opmerking in een bespreking van een prozawerk van Max Jacob, waar Van Ostaijen stelt dat alleen al Jacobs „denkwijze" zijn werk „poëties" maakt (IV:198).

[21] Die twee 'momenten' vindt Van Ostaijen bijvoorbeeld bij Oscar Jespers: er is enerzijds de „vergeesteliking" die het „ambachtelike moment" motiveert; anderzijds is dit laatste autonoom, doordat bij Jespers aan het materiaal „een medeleidende rol wordt toegedacht" (IV:230).

[22] Cf. bijvoorbeeld zijn bespreking van Johan Theunisz' *Het klare dagen*, dat volgens Van Ostaijen al te zeer van „knapheid" (IV:208) en „(h)andigheid" (IV:208) getuigt. Van Ostaijen besluit zijn bespreking dan ook ironisch met: „Een verblijf van een jaar onder

analfabeten zou hem zeer ten goede kunnen zijn" (IV:209). In 'Oscar Jespers' toont Van Ostaijen zich kritisch over Jespers' vroege werk, omdat het al te veel neigt naar „handige gipskneërij" (IV:221) en een „toegeven aan het briljante van een impressionistiese vakkennis" (IV:222).

23 Verderop verwijt Van Ostaijen Jespers dat hij de traditie al te zeer „par le côté métier" (IV:239) bekijkt. In 'Gaston Burssens' omschrijft Van Ostaijen de epigoon als een kunstenaar die niet „de geest" (IV:261) van andermans werk weet te assimileren, maar enkel „het formele schema, vaak zelfs de soort van requisieten" (IV:261). Zo'n epigoon is A.W. Grauls, omdat die zich eveneens „zonder innerlik-verwerken" (IV:252) op bestaande modellen inspireert.

24 Eerder in dit Marsman-opstel had Van Ostaijen „de jonge hollandse formalisten" (IV:393) verweten dat bij hen „de ontroering te gering" (IV:393) is. Cf. in dit verband verder ook 'Henri Bruning en Albert Kuyle', waar hij aan Kuyle een „oppervlakkige formalistiek" (IV:323) verwijt.

25 Eerder had hij Van den Oever al verweten dat hij „technies te zwak is, een zeer arm kunstenaar van het woord" (IV:301). Ook bij vele andere Vlaamse en „hollandse" expressionisten constateert Van Ostaijen een dergelijke „hypertrofie van de wil en een atrofie van het techniese kunnen" (IV:397). Cf. in dit verband verder ook (IV:247, 255, 383n, 385-386 en 393) en Offermans (1983:141).

26 Cf. hierbij verder ook (IV:384).

27 Cf. ook verder (IV:383-384). Vergelijk hiermee, in 'Self-defence': „Neen, de vorm heeft an sich geen belang, d.w.z. de vorm heiligt niet het gedicht. Maar de vorm hoort alleen de drager te zijn" (IV:329). In overeenstemming hiermee vaart hij in 'Karel van den Oever II' uit tegen „de verderfelike thesis van een inhoud naast de vorm" (IV: 367).

28 Hetzelfde oordeel had Van Ostaijen eerder al geveld in 'Karel van den Oever I': „hij is niet een dichter. Wel heeft hij biezondere ervaringen mee te delen. Indien hij zich niet vergiste bij de keuze der middelen, zou hij bijgevolg een beduidend schrijver kunnen zijn" (IV:302).

29 Cf. hiervoor o.m. 'Vlaamse dichtkunst II' (IV:252-255) en 'Henri Bruning en Albert Kuyle' (IV:319-323).

30 Aan deze conclusie was, zoals we hebben gezien, een nauwgezet onderzoek voorafgegaan naar de 'sensualistische' voorstelling van Van de Woestijne en de daardoor gemotiveerde 'stoffelijke' taalbehandeling (cf. IV:357 e.v.). Instructief voor Van Ostaijens opvattingen over de verhouding van voorstelling en lokalisatie zijn ook de vergelijking die hij maakt tussen Huysmans en Maupassant in 'Proeve van parallellen tussen moderne beeldende kunst en moderne dichtkunst' (IV:265) en de argumentatie die hij opbouwt ter motivatie van zijn waardering voor Marsman (IV:393), en in het bijzonder voor diens *Seinen* (IV:397).

31 Die „vanzelfsprekende verhouding van voorstelling en veruiterliking" (IV:265) vindt hij onder meer bij Maupassant. En bij een gedicht van Burssens merkt hij waarderend op dat de „afstand tussen visie en uitdrukking" (IV:274) er zo klein mogelijk is gehouden. Cf. verder ook (IV:299 en 398).

32 Cf. ook 'Karel van den Oever I', waar hij stelt dat het gedicht de vrucht moet zijn „van een organiese groei uit de ontroering" (IV:301).

33 Zie, nogmaals, 'Karel van den Oever I': „de uitdrukking zelve (is) steeds onoprecht ... ik neem stelling tegenover de eerlikheid van Van den Oever voor zover ik, op grond van zijn formele wereld, het volstrekte recht en een reële grondslag heb daaraan te twijfelen. Zijn uitdrukking is onoprecht" (IV:300-301).

Literatuuropgave

Blokhuis, Alie (1979), 'De fantasmatische wereld van Paul van Ostaijen'. In: *Bzzlletin*, jg. 7, nr. 66, mei 1979, pp. 39-50.

Bogman, Jef (1991), *De stad als tekst. Over de compositie van Paul van Ostaijens „Bezette stad"*. Rotterdam 1991, Van Hezik-Fonds 90.

Borgers, Gerrit (1971), *Paul van Ostaijen. Een documentatie*. Den Haag 1971, Bert Bakker.

Hadermann, Paul (1970), *Het vuur in de verte. Paul van Ostaijens kunstopvattingen in het licht van de europese avant-garde*. Antwerpen 1970, Ontwikkeling.

Kant, Immanuel (1981), *Kritik der reinen Vernunft*. Werkausgabe III-IV. Tiende druk. Hrsgg. von Wilhelm Weischedel. Frankfurt am Main 1981, Suhrkamp.

Offermans, Cyrille (1983), 'Tegengif. Van Ostaijens poëtica in het spoor van de Europese avantgarde'. In: Cyrille Offermans, *De kracht van het ongrijpbare: essays over literatuur en maatschappij*. Amsterdam 1983, De Bezige Bij, pp. 125-148.

Spinoy, Erik (1994), *Twee handen in het lege. Paul van Ostaijen en de esthetica van het verhevene (Kant, Lyotard)*. Leuven 1994, doctorale dissertatie.

„DAARGINDS KENT MEN U DOOR COSTER!"
PAUL VAN OSTAIJEN IN HET NEDERLANDSE LITERAIRE VELD

Gillis J. Dorleijn
R.U.Groningen

Een „terstond erkend" dichter?

Paul van Ostaijen is misschien wel de enige Vlaamse dichter-denker van voor de laatste wereldoorlog die actueel gebleven is. Zijn werk, in ieder geval zijn gedichten, zijn gedurende de laatste halve eeuw altijd verkrijgbaar geweest. Hij is misschien wel de enige uit die periode van wie in Noord en Zuid gedichten met enig succes op de scholen worden gebruikt. In discussies over poëzie valt zijn naam en blijken zijn werk en ideeën een maat te zijn. Zo zette Yves T'Sjoen recentelijk een interessant betoog op over Richard Minne. Minne moet niet meer als 'traditionalist' worden gekarakteriseerd, maar als 'modernist', zegt T'Sjoen en doet daarvoor een beroep op een vergelijking met het werk van Van Ostaijen. Kennelijk wordt Minne interessanter door hem via Van Ostaijen te 'moderniseren'. Ook de receptie van Minne zou door 'moderne' schrijvers zijn bevorderd, met name door Boon — een andere 'maat' waarmee heden ten dage kennelijk goed te meten valt. Volgens T'Sjoen zou Boon als eerste geduid hebben op „de eigen waarde van Minnes sarcastische en ironiserende 'beeldekens'" (T'Sjoen 1995:722). Bovendien heeft Boon Minne in de lijn van Van Ostaijen geplaatst, extra reden waarom we Minne als een Van Ostaijenachtige *Ruimte*-dichter moeten opvatten. Het gaat er mij nu niet om T'Sjoens Minne-beeld aan of bij te vallen, maar ik wil slechts aangeven dat Van Ostaijen (rechtstreeks en via Boon) gebruikt wordt bij de karakterisering en de hogere waardering van een andere auteur.[1]

Van Ostaijen is honderd jaar na zijn dood dus springlevend. Hij wordt gelezen, onderwezen en als geschikt referentiepunt beschouwd. Van andere Vlaamse reuzen — Gezelle, Van de Woestijne — kan dat alles niet in die mate gezegd worden, en al evenmin van de *minor poets* Van Nijlen en Minne. Laat staan van de stoet van dichters die in hun eigen tijd wellicht giganten werden geacht, maar wier roem op lemen voeten stond, zodat ze nu niet eens meer als dwergen hun partijtje in het canonorkest mogen meeblazen.

Afgezien van zijn verdere intrinsieke kwaliteiten heeft Van Ostaijen één belangrijke bekendheid-bevorderende eigenschap: hij is de ideale kapstok om een literair-historische ontwikkeling aan op te hangen. De modernistische bewegingen zijn prachtig aan de dichter van *Het Sienjaal, Bezette Stad* en het *Eerste Boek van*

Schmoll te illustreren. Als Van Ostaijen niet bestaan had, had de schrijver van literair-historische overzichten hem moeten uitvinden. De Noord-Nederlandse literatuurhistoricus heeft het met Marsman, Herman van den Bergh en de povere literaire productie van Theo van Doesburg in dit opzicht minder gemakkelijk dan zijn Vlaamse collega.[2] Misschien dat mede daarom in Nederland ook veel aandacht naar Van Ostaijens persoon en werk is uitgegaan (ik noem slechts met groot respect de edities, bloemlezing en monumentale documentatie van Gerrit Borgers). Het lijkt wel alsof die Nederlandse aandacht hem permanent heeft begeleid. Martinus Nijhoff zei het al, in zijn Antwerpse toespraak van november 1952: „Nederland heeft in Paul van Ostaijen altijd een groot dichter gezien en hem terstond erkend als woordvoerder van het expressionisme en de vernieuwer bij uitstek" (Nijhoff 1961a:1056-1057). Nijhoffs bewering is echter niet zonder meer juist, zoals Erik Spinoy (1992) heeft aangetoond. Integendeel, in Noord-Nederland was Van Ostaijen tijdens zijn leven maar weinig bekend en nog minder gewaardeerd.

In deze bijdrage wil ik ingaan op de wijze waarop Van Ostaijen het Neder-landse (Noord-Nederlandse) literaire veld is binnengekomen. Daarbij heb ik beper-kingen aangebracht: in tijd, in bronnen en in benadering. Ik behandel slechts een kleine periode, namelijk de jaren rond Van Ostaijens dood. Vervolgens kijk ik voornamelijk naar enkele bloemlezingen, aangevuld met een paar incidentele uit-spraken van enkele contemporaine critici. Het materiaal ontleen ik aan de bron-nenverzameling die door Wiljan van den Akker en mijzelf is aangelegd ten be-hoeve van een te schrijven geschiedenis van de Nederlandse poëzie na 1880 (Van den Akker en Dorleijn 1996). Mijn bedoeling is te illustreren hoe bepaalde mecha-nismen die kenmerkend zijn voor het literaire veld in deze casus het handelen van de deelnemers hebben bepaald. Mijn perspectief is niet zozeer de Van Ostaijen-receptie, maar meer het strategisch gedrag van enkele deelnemers binnen het lite-raire veld.

Bloemlezingen van contemporaine literatuur zijn een belangrijk instrument om reputaties te vestigen, met misschien wel meer effect dan kritieken: in de krant van vandaag wordt morgen alweer de vis verpakt en na een maand staat het tijd-schriftnummer in de boekenkast. De bloemlezing blijft functioneren — als zij tenminste aanslaat — en roept discussie op. Sterker geformuleerd, de bloemlezer stelt een daad die een ideale literaire ordening vormgeeft: schrijver A mag erin, maar slechts met één gedicht, schrijver B krijgt het maximale aantal, maar auteur C wordt niet opgenomen. Deze daad is een provocatie: andere critici gaan de keuze bevechten, weer anderen springen voor de bloemlezer in de bres en voor we het weten is er een levendig literair debat. In zo'n discussie worden oordelen ondersteund met argumenten die 'literatuuropvattelijk' van aard zijn, zoals ook de keuze in de bloemlezing door literatuuropvattingen wordt gelegitimeerd. In een dergelijk debat zijn behalve literatuuropvattingen ook reputaties in het spel: van de gebloemleesde auteurs, van de debattanten, en in de eerste plaats wel die van de bloemlezer zelf. Zijn selectie en onderscheidingen zijn het waard besproken te worden en dat geeft hem al gezag. En dit groeit nog als zijn ontdekkingen en erkenningen worden overgenomen.

Bastiaanse

Eerst een bloemlezing die niet zozeer een literair-politiek document is, omdat ze geïncorporeerd is in een literatuurgeschiedenis van de middeleeuwen tot wat in 1927 nu heette: het vierdelige *Overzicht van de ontwikkeling der Nederland-sche letterkunde* van de 'na-Tachtiger' Frans Bastiaanse. Het vierde deel uit 1927 is gewijd aan de literatuur vanaf Tachtig. De Vlaamse letterkunde krijgt even-zeer aandacht als de Noord-Nederlandse. In de bloemlezing staat een kersvers uit *De Gemeenschap* van 1927 geplukt gedicht van Paul van Ostayen (met i-grec gespeld, zoals meestal in die jaren), de 'Berceuse' [nr. 2]: „Slaap als een reus". Bij de slotregel „Ik slaap" plaatst Bastiaanse een opmerkelijke voetnoot, opmer-kelijk ook omdat hij dat bij geen van de andere gedichten doet: „Wanneer deze slaap lang duurt, is alle hoop voor de Vlaamsche poëzie misschien nog niet ver-loren". Het is dus alleen om redenen van curieuze representativiteit dat Basti-aanse Van Ostaijen opneemt, niet omdat hij ervan houdt of er belang aan hecht. Bovendien functioneert Van Ostaijen als representant van de moderne Vlaamse poëzie en niet als zelfstandige grootheid, hetgeen ook blijkt uit Basti-aanses verdere commentaar.

In dit, overigens zeer beknopte, commentaar bij de moderne Vlamingen be-perkt Bastiaanse zich nagenoeg tot het citeren van het oordeel van anderen, met name Vermeylen en Coster. Na de dichters van het „eerste plan", zoals Daan Boens, Wies Moens en Achilles Mussche, komen als „allermodernsten" Van Ostaijen en Brunclair, dichters van het „tweede plan". Instemmend haalt Bastiaanse Ver-meylens slotoordeel aan: „Waar ik ze begrijp vind ik ze [de allermodernsten] niet mooi, en heelemaal niet buitengewoon; waar ik ze niet begrijp laat ik het oordeel liever aan een ander over." Van Ostaijen figureert bij Bastiaanse dus slechts als een te ridiculiseren efemere noviteit. Dat iemand als Wies Moens een dichter van het 'eerste plan' is, blijkt ook uit het feit dat van hem meer gedichten zijn opgeno-men. Zie onderstaand overzicht, waarin alleen moderne Vlaamse dichters opge-nomen werden:

Bastiaanse (1927)
Paul van Ostayen 1: 'Berceuse'
Wies Moens 2
(Gijsen 1, Herreman 1, Leroux 1, Minne 1, Mussche 1, Van den Oever 1, Roelants 1, Van de Voorde 1)

Bastiaanse leunt bij zijn selectie, zijn hiërarchisering en karakterisering sterk op het ordeningswerk dat anderen al hebben verricht. Vermeylen in de eerste plaats, maar ook Dirk Coster, wiens oordeel over de moderne Vlamingen wordt aangehaald.

Nieuwe geluiden

Dat oordeel stond in de inleiding bij de invloedrijke bloemlezing *Nieuwe geluiden*. De eerste druk hiervan verscheen in 1924, waarna in 1925 al een (vermeerderde) herdruk nodig was. De invloed van *Nieuwe geluiden* is befaamd. Coster was de eerste die een overzicht van de moderne Nederlandse en Vlaamse poëzie (i.e. na 1918) gaf en dat voorzag van oordelende karakteristieken. Het belang van deze bloemlezing werd door de critici — ook als ze kritiek hadden — allerwegen erkend. Nijhoff wijdde in de *NRC* liefst twee recensies aan wat hij kenschetst als „deze belangrijke uitgave" (Nijhoff 1961c:196), waarna hij de sluizen van zijn kritiek opent. En nog in 1933 schreef Menno ter Braak over de „onloochenbare verdienste" van „Costers *Nieuwe Geluiden*", die er in lag „dat het veel Nederlandse poëzie, hoofdzakelijk van omstreeks en na de oorlog, onder het bereik van een groter publiek heeft gebracht en daardoor propaganda heeft gemaakt voor de jonge dichters, die destijds weinig of niet gelezen werden" (Ter Braak 1980:41). Gezien de herdrukken moet de bloemlezing inderdaad vele lezers op de moderne poëzie georiënteerd hebben. In dat opzicht is *Nieuwe geluiden* vergelijkbaar met Rodenko's *Nieuwe griffels schone leien*. Veel dichters, zeker de in Nederland tot dan toe nagenoeg of geheel onbekende moderne Vlamingen, hebben hun eerste bekendheid aan Coster te danken. Zelfs Du Perron, die in 1925 zijn pen al aan en tegen Coster scherpte, schrijft op 26 juli aan Van Ostaijen: „daarginds kent men u door Coster!" (Du Perron 1977:67) en hetzelfde had hij ook kunnen zeggen over Gijsen, Mussche, Van de Voorde en Wies Moens.

De lezers van Costers tijdschrift *De Stem* waren al enigszins op deze kennismaking voorbereid, want in de eerste jaargangen worden gedichten van Vlamingen gepubliceerd en vindt ook een debat plaats rond de moderne Vlaamse poëzie, waarin de naam Van Ostaijen overigens nauwelijks viel.[3] Van Ostaijen mocht aan dit debat niet meedoen: zijn reactie werd door Coster geweigerd en verscheen onder de titel 'Modernistiese dichters' in *Vlaamsche Arbeid* (IV:161-180). Een prachtig stuk, dat zeker ook te lezen valt als een document waarin een auteur met alle strategische middelen die hem ten dienste staan literatuurpolitiek bedrijft en zich profileert tegenover zijn directe 'modernistische' concurrenten Moens en Mussche en tegenover de 'neoklassieke' vijand van het moderne, Urbain van de Voorde (cf. Borgers 1971: 501-503, 516, 523-529).

Hoe heeft men „daarginds", zoals Du Perron Nederland aanduidt, Van Ostaijen leren kennen? In de eerste plaats dus in de context van de relatief onbekende

Vlaamse poëzie. Het is interessant te vermelden hoe Coster Van Ostaijen hierin situeert.

Vlaanderen, zegt Coster, levert „één der rijkste groepen van dezen bundel" (Coster 1924:XXIX), die begrepen moet worden tegen de achtergrond van de „acute vertwijfeling van den oorlog". „Een in Holland onbekend gebleven dichter, Paul van Ostaijen, trad in Vlaanderen reeds gedurende den oorlog als baanbreker van dit nieuwe streven op" (XXX). Hij brak met twee Vlaamse tradities waaraan de namen van Van de Woestijne en Gezelle zijn verbonden. Dit kan als positief op Van Ostaijens conto worden bijgeschreven: „Hij proclameerde voor 't eerst 'de nieuwe liefde' (...) (en hij) aanvaardde (...) de levensvatbare elementen (van de) beschaving: de grootsche organische eenheid der groote stad (...) en hij trachtte dit alles in een nieuwe vrije uiting tesamen te vatten (...). Deze nieuwe wil was goed (...)" (XXX). Maar — en nu komt een negatief bedrag dat van het saldo moet worden afgetrokken — dit „talent was niet sterk genoeg, om zich in deze nieuwe vrijheid de groote eigenmachtige beweging te scheppen" (XXXI). En dan volgen nog wat negatieve kwalificeringen van de dichter van *Het Sienjaal* — de sensaties, hoe treffend ook, zijn te incidenteel, het werk valt uiteen in „gewoonbewogen proza", het is „overladen, volslagen verward en krachteloos-apostolisch van gebaar" (XXXI). Deze negatieve beoordeling van een bundel die qua onderliggende ethische attitude Coster had moeten aanspreken, moet wel geweten worden aan wat de bloemlezer wist van de verdere ontwikkeling, weg van *Het Sienjaal* naar *Bezette Stad* toe. En die beviel hem allerminst. Als hij die evolutie aanduidt, volgt direct een vergelijking met een collega-Vlaming: „Terwijl Van Ostaijen zich verder meende te evolueeren, helaas met alle litteraire moden van het buitenland mede, terwijl hij, in zijn 'Bezette Stad', terugviel van de groot-bedoelde synthese tot een impressionisme, dat vlakker en korter nog dan het oorspronkelijke was, en machteloozer[4] nog om enigerlei geestelijke waarde te dragen, — namen anderen echter het door hem gegeven parool weder op en gaven er een dieper inhoud aan. — Wies Moens allereerst". Dan vinden we pas een „werkelijk-vernieuwde Vlaamsche schoonheid (...) Wat bij Van Ostaijen, evenzeer begaafd wellicht, maar minder beproefd, hoofdzakelijk program en wachtwoord bleef, is bij Wies Moens reeds waarachtige vervoering die uit diepen nood geboren werd. (...) — Bij Van Ostaijen algemeene jeugdbegeestering, bij Moens (...) de verhoogde staat van bewustzijn die het beeld synthetisch maakt voor den blik" (XXXI-XXXII).

Coster zegt nog wel meer over de Vlamingen, maar wat opvalt is dat hij Van Ostaijen enerzijds als vernieuwer kenschetst — hetgeen ook de opname in de bloemlezing rechtvaardigt — en anderzijds hem in zijn latere producten mislukt acht, want die zijn te modern, te modieus, te 'decadent', te onserieus, te verbrokkeld, omdat ze niet voortkomen uit of streven naar een eenheid. Daarbij wordt met terugwerkende kracht de *Sienjaal*-poëzie ook al als te los en te weinig synthetisch beschouwd. Een tweede punt dat opvalt is dat Van Ostaijen tot drie keer toe wordt afgezet tegen Wies Moens. 'Wies Moens en hij', zouden we kunnen zeggen, en wellicht is deze presentatie in *Nieuwe geluiden* mede een stoot geweest tot het befaamde 'Wiens Moens en ik' uit 'Self-defence', dat een zelfde retorische structuur vertoont (IV:328-330).

Bezien we nu hoe beide tegenpolen in *Nieuwe geluiden* vertegenwoordigd zijn, dan merken we dat zowel kwantitatief als kwalitatief de keuze aansluit bij de karakterisering in de inleiding:

> *Nieuwe geluiden (1924)*
> Paul van Ostayen 3: 'Nieuwe liefde', 'Het stille lied', 'Februari' (*Het Sienjaal*)
> Wies Moens 7
> (Gijsen 4, Mussche 2, Boens 3, Van de Voorde 6)

Van Moens treffen we dus liefst zeven gedichten aan, van Van Ostaijen slechts drie. Bovendien zijn die drie, na het bovenstaande weinig verrassend, alle afkomstig uit de bundel die aan het begin van de door Coster afgebakende periode staat: 1918.

De tweede druk van *Nieuwe geluiden* moest snel na de eerste verschijnen. Coster veranderde weinig aan zijn inleiding, wel iets aan zijn selectie:

> *Nieuwe geluiden (1925²)*
> Paul van Ostayen 2: 'Nieuwe Liefde', 'Het stille Lied' (*Het Sienjaal*)
> Wies Moens 5
> (Gijsen 4, Mussche 2, Boens 0, Van de Voorde 7, Minne 3)

Paul van Ostaijen mag nu nog slechts twee in plaats van drie gedichten leveren, terwijl Moens' aandeel ook enigszins is gereduceerd, maar toch nog vijf bedraagt. De andere Vlamingen blijven gelijk, al verdwijnt Boens en wordt Richard Minne met drie verzen (meer dus dan Van Ostaijen) toegevoegd; Urbain van de Voorde, intensief medewerker aan *De Stem,* krijgt het onevenaarbare aantal van zeven.

Van Ostaijen als strateeg

Van Ostaijen zelf was natuurlijk van deze indeling en toebedeling weinig gecharmeerd. Toch had hij in zekere zin deze behandeling aan zichzelf te wijten. Want hij had een tweetal jaren eerder Coster zelf op het baanbrekende belang van *Het Sienjaal* gewezen! En wel omdat hij met deze bundel volledig ontbrak in een eerste overzicht van de moderne Vlaamse poëzie dat Coster in de *NRC* van 1922 had gegeven,[5] waarbij Van Ostaijen geheel over het hoofd was gezien. De dichter zelf moest toen de criticus attent maken op het bestaan en de betekenis van *Het Sienjaal*. Hij stuurde Coster zelfs de bundel — zijn „allerlaatste exemplaar" — toe, met de woorden: „U heeft mij uitgeschakeld, zonder kennis van het boek dat u het meest nabij moest zijn; boek dat overigens de aanstoot gaf tot deze stroming in de vlaamse poëzie van dewelke ik mij tans heb afgekeerd" (Borgers 1971:502-503).

Ondertussen blijft het pikant dat Van Ostaijen Coster van een bundel in kennis stelde die een periode vertegenwoordigde die hij al had afgezworen. Hij had er ook tevreden over kunnen zijn dat Coster over deze overwonnen fase in zijn dichterschap had heengekeken. Maar kennelijk was Van Ostaijens strategisch belang om door een vooraanstaand criticus gekend te worden groter dan dat hij 'op de juiste manier' gekend wou worden, dat wil zeggen: zoals hij zichzelf op dat moment was gaan zien. Hij had Coster in zijn brief min of meer uitgedaagd: u zal uw oordeel over mij wel niet bijstellen, „omdat de ervaring leert dat een rectificering niet bij machte is een eenmaal gevestigde opinie resultaatvol te beïnvloeden" (Borgers 1971:502-503). Coster had echter bij de samenstelling van zijn bloemlezing deze handschoen opgenomen en Van Ostaijen als *Sienjaal*-dichter die later tot zinledig fragmentarisme verviel, een plaats gegeven. Met Costers aandacht voor *Het Sienjaal* in *Nieuwe geluiden* was Van Ostaijen dus eigenlijk op zijn wenken bediend, al werd hij er niet vrolijk van juist zijn Moensigheden uitgezocht te zien. Het is deze keuze waarover Marsman in 1931 zou zeggen dat hij „zeeziek werd van wat ik van hem [Van Ostaijen] las in de bloemlezing 'Nieuwe Geluiden', humanitaire larie die zich in niets onderscheidde van de rest in dat soort" (Marsman 1963:511).

Hoe heeft Van Ostaijen nu op deze beeldvorming gereageerd? In zijn 'Modernistiese dichters' had hij al uitvoerig de constellaties die binnen het *Stem*-debat van 1923 werden onderscheiden ter discussie gesteld en nadien was zijn reactie op Costers canon even fel, zij het indirect. Nergens viel hij Costers bloemlezing openlijk aan. Dat kon hij ook niet, omdat het om een bloemlezing ging die terstond binnen het literaire circuit gezag werd toegekend. Bovendien bestaat er de norm dat het onfatsoenlijk is openlijk kritiek te leveren op iets omdat je er zelf onvoldoende of onjuist in naar voren komt. Dat zou worden opgevat als een al te doorzichtige oratio pro domo.

Van Ostaijens reactie is dan als gezegd indirect. Ik geef twee voorbeelden. Ten eerste het al genoemde 'Wies Moens en ik' (IV:328-330). Dit stuk weerspiegelt een retorisch schema — twee schrijverschappen worden tegen elkaar afgezet — dat ook in *Nieuwe geluiden* is gehanteerd: Wies Moens versus Van Ostaijen. Bovendien gaat Van Ostaijen tegen de mening in dat zijn beste werk in *Het Sienjaal* zou staan, zoals Coster wilde, en dat hij daarna met *Bezette Stad* tot sensualistische spielerei zou zijn vervallen.

Een tweede signaal van indirecte reactie vinden we in Van Ostaijens recensie uit 1927 over Marnix Gijsen (IV:380-387). De „heropbloei" van de „jonge vlaamse" dichters was „alleen de snel verteerde vlam van ene puberteitsovertuiging", de idealen zijn vervlogen vanwege een gebrek aan „formele bekommernis". Reden waarom „meer dan één dichter (...) tot zwijgen veroordeeld" (IV:384) is. Met deze zwijgers doelt Van Ostaijen ongetwijfeld ook op Wies Moens, die inderdaad als dichter gas had teruggenomen. Onmiddellijk daarna valt de naam van Coster: „Daarom heb ik steeds Dirk Coster bestreden, omdat deze criticus juist in het essentiële, met een verbijsterend gemis aan inzicht, steeds zich heeft bedrogen, voor zover hij deze eigenschappen, die alleen een gevolg waren van een biezondere puberteitskrisis, voor de wezenlike bijdrage onzer generatie heeft gehouden" (IV:384). Anders gezegd: Coster heeft zich vergist door Wies Moens en dergelijke exploiteurs van het vormeloze puberteitsgevoel (waaronder ook Gijsen) als groten te beschouwen en de dichters die zich kenmerkten door formele zorg te miskennen. We zien weer het schema van 'Wies Moens en ik' opduiken. Dan geeft Van Ostaijen een voorbeeld van zo'n vormbewuste dichter, een dichter naar zijn hart, een dichter als zichzelf: „Daarom vergiste zich Coster zo deerlik in zijn oordeel over Marsman, de enige dichter onzer generatie die van voorafaan een problematiek meebracht (...) waarbij van meet-af gene verhouding (...) van het formele tot de inhoud werd aanvaard" (IV:384). Hij noemt heel subtiel Marsman in zijn strategie van het indirecte, want hij bedoelt natuurlijk evenzeer of misschien veeleer de dichter van de formele bekommernis die Paul van Ostaijen heet.

Costers capitulatie

Ondertussen bleef Costers bloemlezing het goed doen, want in 1927 verscheen alweer een derde, wederom gewijzigde druk. Aan Van Ostaijens positie veranderde echter weinig. De tekst van de inleiding is slechts op enkele plaatsen aangepast. Over Van Ostaijen is nog toegevoegd dat hij alleen, als „de laatste der modernisten", „zijn pogingen om tot een nieuw rhythme te komen, hardnekkig voort(zet)." Het aandeel van de andere Vlamingen bleef grosso modo gelijk, al kreeg Van Ostaijen er een nieuw gedicht bij, naast de twee overgebleven *Sienjaal*-verzen, namelijk 'Melopee'.[6] Dat Coster juist dit gedicht koos, is begrijpelijk: het is uit de late oogst het minst controversieel en men kan er desgewenst een oneindige levensmoeheid in lezen die goed past bij Costers literatuuropvatting, waarin immers veel waarde wordt gehecht aan directe 'bewogenheid'. Overigens bleven alle verdere negatieve kwalificaties aan Van Ostaijens adres onverkort gehandhaafd.

Maar dan komt in 1932 de vierde druk en daarin blijkt Costers keuze radicaal veranderd:

> *Nieuwe geluiden (1932⁴)*
> Paul van Ostayen 5: 'Het stille Lied', 'Melopee', 'De Weg', 'Zeer kleine Speeldoos', 'Boeren-Charleston'
> Wies Moens 5
> (Van den Oever 2, Gijsen 5, Mussche 2, Boens 0, Van de Voorde 7, Minne 3)

Nam Van Ostaijen eerst een min of meer marginale plaats in, thans krijgt hij evenveel gedichten toebedeeld als zijn concurrent Wies Moens. Bovendien is de aard van de keuze gewijzigd: nu nog slechts één voorbeeld uit *Het Sienjaal*, de rest allemaal uit de late, eerder als zwak bestempelde periode, waaronder de experimentele 'Boere-charleston'. Een opvallende koerswijziging dus. Even opvallend is dat Coster nergens in zijn inleiding zijn vroegere ongelijk bekent. Als hij Van Ostaijen bespreekt, doet hij gewoon alsof zijn neus bloedt. Wel moet hij natuurlijk in zijn inleiding zijn keuze aannemelijk (blijven) maken.

Dit doet hij op twee manieren. Allereerst weeft hij in zijn oude beschouwing — die gehandhaafd blijft — subtiele veranderingen in. Alleen wie de oude en nieuwe versie collationeert, vallen de ingenieuze varianten op. Zie de volgende voorbeelden (cursiveringen duiden de wijzigingen aan; vergeleken zijn de eerste (NG¹) en de vierde druk (NG⁴)):

(1)

> Een in Holland onbekend gebleven dichter, Paul van Ostaijen, (NG¹:XXX)
> Een *aanvankelijk* in Holland onbekend gebleven dichter, Paul van Ostaijen, (NG⁴:LIV)

(In NG⁴ een nuancering)

(2)

> en hij *trachtte* dit alles *in een nieuwe vrije uiting tesamen te vatten*, ontdaan van poëtische traditie (...) Deze nieuwe wil was goed, maar bleef *hoofdzakelijk* negatief. Dit talent was niet *sterk* genoeg, om *zich in deze nieuwe vrijheid de groote eigenmachtige beweging te scheppen, die de droom was van dit nieuwe streven.* (NG¹:XXX-XXXI)
> en hij *wilde* dit alles *uiten* ontdaan van *alle* poëtische traditie (...) Deze nieuwe wil was goed, maar bleef *voorloopig nog* negatief. *Het was meer een bewustzijn dat uit den uitersten nood van het Vlaamsche leven ontstond, dan uit de eigenlijke natuur van den dichter zelf, en zijn latere periode, waarin hij terugwijkt naar de eenzame alchemie en de broze en moede bitterheid van zijn allerjongsten tijd, hebben dit voldoende bewezen.* Dit talent was niet *robuust* genoeg, om *lang uit zich zelf te treden, en zich over te geven aan den breeden stroom van het leven, liefde, lijden, die vooral in deze jaren over de wereld en over zijn land golfde.* (NG⁴:LIV-LV)

(Het „trachtte (...) tesamen te vatten" in NG¹ impliceert al de mislukking (zoiets groots kán je wel proberen, maar zal zeker niet slagen); „wilde dit alles uiten" in NG⁴ is in dit opzicht neutraler. De verandering van „hoofdzakelijk negatief" in „voorloopig nog negatief" brengt een positievere nuance aan. De langere toevoegingen in NG⁴ plaatsen Van Ostaijens mislukte streven in een verklarend, verontschuldigend kader.)

(3)

> *dit* was de *betrekkelijke* winst aan schoonheid die *ten slotte werd geboden.* (NG¹:XXXI)
> *dat* was de winst aan schoonheid die *deze eerste periode hem en zijn litteratuur bracht.* (NG⁴:LV)

(De winst is in NG⁴ niet meer betrekkelijk en bovendien gaat het nog om de eerste periode: er is de belofte van meer. Positiever dus.)

(4)

> Voor 't overige viel deze *nieuw-bedoelde* verskunst *hoofdzakelijk als* gewoon-bewogen proza uiteen, *dat nog wel dikwijls (als in 'de Stad') doorvoeld was, en levend van noteering, maar dikwijls ook overladen, volslagen verward* en krachteloos-apostolisch van gebaar. (NG¹:XXXI)
> Voor het overige viel deze *poging tot een nieuwe* verskunst *in* gewoon-bewogen proza uiteen, krachteloos-apostolisch van gebaar. (NG⁴:LV)

(De negatieve insinuatie „nieuw-bedoelde verskunst" (maar die niet gerealiseerd is) wordt afgezwakt („poging tot een nieuwe verskunst"); hetzelfde gebeurt met andere negatieve kwalificaties.)

(5)

> — *Terwijl Van Ostaijen zich verder meende te evolueeren, helaas met alle litteraire moden van het buitenland mede, terwijl hij, in zijn* 'Bezette Stad', *terugviel van de groot-bedoelde synthese* tot een *impressionisme,* dat vlakker *en korter* nog dan het *oorspronkelijke* was, en machteloozer nog om eenigerlei geestelijke waarde te dragen, — namen anderen *echter* het door hem gegeven parool weder op *en gaven er een dieper inhoud aan.* — Wies Moens allereerst (...) (NG¹:XXXI)
> *Hij beproefde het nogmaals, in een groot werk* 'Bezette Stad', *maar verviel* tot een *naturalisme,* dat vlakker nog dan het *vroegere* was, en machteloozer nog om eenigerlei geestelijke waarde te dragen. *Toen zag hij zijn vergissing in en zocht hij de weg weer terug naar zijn eigen natuur.*
> *Het is verwonderlijk, dat een bewustzijn, waarop geen noemenswaardige daad volgde, desniettemin een wekkende en richtende invloed kan hebben. Terwijl Paul van Ostayen snel vervreemdde aan dit intermezzo in zijn leven, deze poging om breed en diep te ademen in alle winden en stormen van het wereldleven* — namen anderen zijn parool weer op. Wies Moens allereerst (...) (NG⁴:LV)

(In NG¹ weer een insinuatie: „meende te evolueeren" (maar dat deed hij niet echt); ook „litteraire moden" is negatief bedoeld. In NG⁴ verdwijnt dit en vinden we enkele veelzeggende toevoegingen die weer preluderen op het stadium waarin Van Ostaijen zijn eigen aard zou vinden. Bovendien wordt in NG⁴ zijn invloed op anderen sterker en positiever aangezet.)

Steeds wordt wat in de eerste druk negatief bedoeld is, in de vierde druk positiever gemaakt (of in ieder geval minder negatief) en voorts worden via toevoegingen positievere ladingen meegegeven. Daarnaast last Coster in de vierde druk, aan het eind van de paragraaf over de moderne Vlamingen, een hele passage in, te lang om hier te citeren, waarin het licht volledig op de late Van Ostaijen valt (Coster 1932:LXIII-LXV). Weliswaar ontbreekt de kritiek niet, maar toch is alleen al de aandacht die nu aan deze dichter wordt gewijd te lezen als een toekenning van kwaliteit. Bovendien vinden we ook expliciet positieve kwalificaties: een gedicht is „beweeglijk en bekoorlijk als St. Cecilia", „Toen werden de vroegere pogingen, de verfijning der muzikale klank hem pas tot een groote winst"; de passage over de 'Boere-charleston' is zelfs zonder voorbehoud bewonderend:

> Zoo is, naast Melopee en De Weg, waarin hij zijn eigen hopeloosheid definitief uit, — de Boerencharleston zijn beste vers geworden. Door een prachtig procédé van correspondeerende klanken weet hij de razernij van den Boerendans tot een paroxisme van levensuitbundigheid op te voeren: stampende voeten en krijschende muziek slingeren zich meesleepend dooreen. Het verdient evenzeer klassiek te worden als Breero's Boerenbruiloft (LXV).

We zien bij Coster zelfs al de contouren van wat Erik Spinoy (1992:154) het tweede scenario noemt (de woordspelige dichter) in de waarderingsgeschiedenis van Van Ostaijen en dat zou pas in de jaren vijftig dominant worden. Tegelijk zien we ook dat Coster steeds naar ethisch-levensbeschouwelijk te duiden aanknopingspunten zoekt: hij noemt enkele gedichten, waaronder 'Melopee', „waarin hij [inderdaad] zijn eigen hopeloosheid definitief uit". De charleston is geen grotesk ironisch spel, maar „een paroxisme van levensuitbundigheid". En voorts wordt met „de veel te vroege, wreede dood" — ook Van Ostaijen is nu „beproefd" — een mooie legitimering gevonden voor al die woorden gewijd aan een dichter die eigenlijk niet zo goed bij Costers literatuuropvattingen past, maar die er wel wordt ingepast.

Afstemming van het oordeel

Hoe is deze opmerkelijke capitulatie van Coster te verklaren? Hierbij moet ik aantekenen dat vanuit de mechanismen van het literaire veld bezien dit gedrag helemaal niet opmerkelijk is. Coster was een criticus die in de jaren twintig als *Stem*-redacteur veel gezag had in het literair circuit. Zijn bloemlezing verhoogde zijn autoriteit alleen nog maar. Ook collega-critici, in beginsel zijn concurrenten, erkenden het belang van *Nieuwe geluiden*, ook al vielen zij zijn waardebepalingen en classificeringen aan.

Van Ostaijen was aan Coster bekend geraakt via de anarchistisch-avantgardistische bundel *Bezette Stad*. Door zijn Vlaamse collega-dichters was dit nihilistisch dadaïsme verworpen, waarmee ook Van Ostaijen zelf als buitenbeentje werd gestigmatiseerd. Dan blijkt deze dadaïst enkele jaren daarvoor wel degelijk een humanitair te zijn geweest en nog wel een voorloper van de andere Vlaamse humanitairen. Wat te doen? Coster had als bloemlezer de plicht te beantwoorden aan de eis van representativiteit en tegelijk wilde hij de literaire werkelijkheid ordenen volgens zijn eigen poëticaal-levensbeschouwelijke visie. We hebben gezien hoe Coster dit probleem oplost: hij neemt Van Ostaijen wel op, maar past hem op drie manieren in binnen zijn poëticale doelstellingen. Er wordt ten eerste relatief weinig werk opgenomen, waarmee wordt aangegeven dat Van Ostaijens belang minder groot is dan dat van bijvoorbeeld Wies Moens. Vervolgens wordt alleen werk opgenomen uit de bundel die poëticaal verwant is. En tenslotte wordt in de karakterisering het beeld voltooid: Van Ostaijens kracht ligt niet in zijn latere gedichten — die zijn als neergang te karakteriseren — maar in zijn vroegere werk, dat overigens ook al krachteloos was. Waarmee Van Ostaijen nog eens dubbel wordt gepakt: het latere is slechter dan het vroegere en dat vroegere deugt eigenlijk ook niet. En uit het *Stem*-debat had Coster kunnen opmaken dat hij voor deze beeldvorming voldoende draagkracht zou vinden: andere Vlamingen, zoals Moens en Van de Voorde, veroordeelden immers ook de „liefdeloosheid" van dada (Moens 1922:879) en los daarvan had *De Stem* een zeker gezag. Inderdaad, een mooi staaltje van beeldvorming, waarbij literatuuropvattingen worden ingezet ter legitimering, maar waar ook rekening wordt gehouden met de regels van het veld: de eis van plausibel te maken representativiteit en de afstemming van het oordeel op dat van anderen (de zogenaamde orkestratie), vooral richting Vlamingen.[7] Dat deze beeldvorming aanvankelijk slaagde, blijkt uit het feit dat Du Perron zich in

1928 tegen dit beeld moest afzetten: „Want, lijnrecht tegen de opvatting van een Dirk Coster in, dat hij na *Het Sienjaal* een verkeerde weg zou zijn ingeslagen, moet ik vooropstellen dat hij juist in de laatste tijd tot volle persoonlijkheid scheen gekomen" (Du Perron 1955:67).

Maar begin jaren dertig was de situatie in het Nederlandse veld anders en ook de oordelen rond Van Ostaijen hadden een andere richting genomen. Het gezag van *De Stem* en van zijn hoofdredacteur werd nog wel erkend, maar tegelijk krachtig bevochten. Daarentegen waren Van Ostaijens papieren na zijn dood flink gestegen: hij werd ineens in verschillende kringen en door een brede groep van spraakmakende critici hoog gewaardeerd. Zonder deze interessante wending in de Van Ostaijen-receptie omstandig te bespreken, wil ik toch op de volgende drie indicaties wijzen.

1. De bloemlezing *Prisma*, een 'tegen'-bloemlezing van de jongeren tegenover *Nieuwe geluiden*. Ik geef weer een overzicht van de wijze waarop de moderne Vlamingen zijn vertegenwoordigd:

> *Prisma (1930)*
> Paul van Ostayen 4: 'Rijke armoede van de trekharmonika', 'Polonaise', 'Marc groet 's morgens de dingen', 'Melopee'
> Wies Moens 3
> (Burssens 1, Gijsen 4, Minne 2, Van de Voorde 2)

Van Ostaijen neemt onder de Vlaamse dichters de eerste plaats in, samen met Marnix Gijsen. Maar anders dan Gijsen, mag Van Ostaijen ook nog het poëticale motto leveren voor de 'Inleiding',[8] waarmee de criteria die samensteller Binnendijk hanteert in het licht van Van Ostaijens poëtica worden geplaatst (het is trouwens ook een leuze — een goed gedicht schrijven als een formele oplossing van een probleem — die diametraal tegenover het materieel-ethische perspectief van Coster staat). Bovendien wordt Van Ostaijen in de inleiding nog eens waarderend besproken, met aanduidingen als „ras-echt dichter" en „verrukkelijke roekeloosheden" (*Prisma* 1930:14). Kijken we naar wat er over Wies Moens wordt gezegd, dan zien we dat Binnendijk dezelfde strategie uitvoert als Coster tegenover Van Ostaijen. Binnendijk kon Moens (nog) niet negeren, maar hij kwalificeert hem negatief: de richting van Moens heeft poëtisch weinig opgeleverd (het is „een grondstof, die in wezen ondeugdelijk is gebleken") en de gekozen gedichten zijn „ondanks zichzelf" langs „misleidende wegen" tot stand gekomen.

2. Sommige katholieke jongeren rond *De Gemeenschap* lopen met Van Ostaijen weg, de veelbelovende criticus en dichter Jan Engelman voorop (die zijn *poésie pure* op Van Ostaijen lijkt te enten).[9] Bovendien is de uitgeverij De Gemeenschap medeverantwoordelijk voor de uitgave van Van Ostaijens verzameld werk.

3. Auteurs die Van Ostaijen tijdens zijn leven al kenden, doen schamper over de ontstane hausse. Du Perron schrijft in april 1928 over deze „publieke karakterloosheid": „Alle nederlandse bladen hebben plotseling het overlijden vermeld van

de jonge vlaamse dichter Paul van Ostaijen" (Du Perron 1955:66). En: „na P.v.O.'s overlijden (schijnt) juist iedereen hem intiem (...) te hebben gekend, of voor het minst ontdekt." „Veertien dagen vóór de dood van P.v.O. ontving de redactie van *Avontuur* de zoveelste parodie van zijn *Boere-Charleston* of *Alpejagerslied*; een maand na zijn dood las ik, tot in de kranten waarin men de voorwerpen gewikkeld had die ik hier en daar kocht, klaagartikelen over *deze overleden jongeman van genie*" (Du Perron 1955:177). Ook Marsman, die Van Ostaijen al in 1921 had besproken en nadien met hem had gecorrespondeerd, klaagt over de plotselinge aandacht: „Vrijwel direct na zijn dood is Paul van Ostaijen (...) het voorbeeld geworden van horden, letterlijk, van imitatoren. De eenzame, die bij zijn leven miskend was, werd onmiddellijk nadat hij gestorven was niet alleen geaccepteerd door het vulgus, maar nageknoeid op een manier die zonder weerga is in de geschiedenis van het epigonisme" (Marsman 1963:513).

Van Ostaijens toegenomen roem werd ook door Coster zelf waargenomen. In een brief van 1930 schreef hij: „Is die [kritiekbundel van Van Ostaijen] zo fameus? Ik moet nog altijd erkennen dat ik de grootheid van die figuur niet zie. Allerhande velleïteiten zonder een doorslaande menselijke verwerkelijking" (Coster 1961a:324).[10] We horen weer de ethisch-humanitaire literatuuropvatting doorklinken, maar we zien tegelijk Costers treurige besef dat Van Ostaijen in het veld geacht is.

Hoe weinig hij zich er ook in kon vinden, Coster was gedwongen zijn oordeel af te stemmen op de algemene opinie, die zich sterk ten gunste van Van Ostaijen had gewijzigd. Natuurlijk stond voor hem de keuze open om de opeens zo bejubelde dichter te blijven marginaliseren, maar dan zou hij wel zijn al enigszins tanende gezag verder op het spel zetten. Coster koos, zoals we zagen, liever de veilige weg: hij paste zijn oordeel aan, zowel kwantitatief (de omvang van de selectie en het aantal aan de dichter gewijde woorden) als kwalitatief (de aard van de selectie, de wijze waarop erover gesproken wordt). Tegelijk behoedde hij zich voor al te groot gezichtsverlies door de oude tekst van zijn inleiding, afgezien van enkele subtiele varianten, te behouden.

Ondertussen bleef Coster Van Ostaijen even zwak vinden als voorheen, maar hij liet dit alleen niet meer zo merken. Na de oorlog, in 1950, zou hij in een brief aan Van de Voorde een opmerking maken over Brulez die het bestaan heeft „niet alles van Van Ostayen mooi te vinden, of eigenlijk maar heel weinig"; ironisch noemt hij dit „wel een ernstig vergrijp tegen de heilige collectiviteit" (Coster 1961a:54).[11] Maar zelf durfde hij in 1932 de collectiviteit niet te ontheiligen. Hij sloot zich er mooi bij aan.

Van Ostaijen bij Nijhoff

Een andere gezaghebbende criticus die zijn oordeel in harmonie moest brengen met de dominante grondtoon was Martinus Nijhoff. Hij had al vrij snel de betekenis van Van Ostaijen als dichter en criticus ingezien (in 1925 kan hij zeggen dat de Belgische staatsprijs „rechtmatiger (was) toegekend aan Marnix Gijsen of Paul van Ostaijen" dan aan Jan van Nijlen (Nijhoff 1961b:367). Zijn eerste aan Van Ostaijen gewijde beschouwing komt pas in 1929, met de stroom van kritieken naar aanleiding van de door Burssens (met adviezen van Du Perron) verzamelde gedichten. In dat opstel geeft Nijhoff blijk van zijn wel zeer vroege bekendheid met en waardering voor Paul van Ostaijen. Hij begint zijn smakelijk betoog met een herinnering aan 1916, toen hij in militaire dienst was. In zijn weinige vrije uren bladerde hij tijdschriften door waarin hij „voor het eerst verzen van Van Ostaijen las, aangehaald in een bespreking van zijn eerste bundel *Music-Hall*." Dan volgt Nijhoffs schok der herkenning:

> Ik zal die indruk nooit vergeten. Het waren slechts een paar regels, die door de recensent tamelijk belachelijk gevonden werden, maar die ik nog uit het hoofd citeren kan. Ik 'herkende' terstond. Voilà un homme, zal ik zo ongeveer gedacht hebben. Er was iets in de hardheid van het beeld, in de rapiditeit van het ritme van deze enkele nuchtere regels, welke voor mij boekdelen spraken, waarvan ik de durf kon beseffen, en waaruit ik onmiddellijk opmaakte, hier voor iemand te staan die in dezelfde tijd leefde, voor eindelijk iemand waarmee ik rekening te houden had. (Nijhoff 1994a:214)

Een prachtig Nijhoviaans verhaal. De waarheid ervan is dan ook dubieus, want in welk tijdschrift heeft Nijhoff dan die regels uit *Music-hall* gelezen? De bundel is, zoals bekend, in kleine oplage verschenen en werd beperkt besproken. Bovendien was het oorlog, dus het contact tussen Noord en Zuid was niet erg intensief. Wellicht ligt achter deze 'herinnering' ook een strategisch motief: Nijhoff wilde niet tot de nieuwelingen behoren in het koor van Van Ostaijen-bewonderaars, maar laten zien dat hij van het begin af aan deze nu pas erkende dichter op waarde had geschat.

Ook de rest van Nijhoffs betoog is curieus. Want het gaat tegen de stroom van de algemene waardering voor de verschillende fases van het dichterschap in, en wel in de eerste plaats tegen dat van de dichter zelf. *Bezette Stad* en *De Feesten van Angst en Pijn* wijst Nijhoff af — voor „zekere moderne richtingen als dadaïsme (was) hij heus te goed" — en over het *Eerste Boek van Schmoll*, waarvan hij de verwijzing in de titel ook niet kan plaatsen, is hij slechts gematigd positief. Niet de latere gedichten worden hier opgehemeld, maar de poëzie uit de twee vroege bundels, die Van Ostaijen nu juist als overwonnen standpunten had beschouwd.[12]

Nijhoffs argumentatie cirkelt rond twee kernen, een formele en een levensbeschouwelijke. Beide zijn preoccupaties binnen zijn eigen literatuuropvatting. Ten eerste de syntaxis, voor Nijhoff altijd een belangrijk kenmerk van goede poëzie — „Zonder syntaxis geen creativiteit. Zonder syntaxis glijdt de wereld weer over ons bewustzijn voorbij gelijk de aanschouwde beelden over onze oogbal" (Nijhoff 1994a:215).[13] Van Ostaijen had na *Het Sienjaal* echter wel de syntaxis opgegeven, tot zijn schade: „Dan laat hij (...) op eenmaal alle syntaxis varen (...) Het enig resultaat is het virtuozenstukje 'Boere-charleston'; maar is het al dit dwalen waard geweest?" (217-218). Het levensbeschouwelijke argument sluit aan bij Nijhoffs eigen toenemende neiging tot een geëngageerd dichterschap, zoals zich dat in de kritieken en gedichten uit die tijd manifesteert. Zijn waardering voor *Het Sienjaal* past daarin. Deze bundel heeft volgens Nijhoff „tegen een geheel volk iets te zeggen" en „er is reeds een immense ziel immer aanwezig: het volk, de mensheid" (216-217).

Nijhoff voert, zou men kunnen zeggen, een bedekte polemiek met Van Ostaijen. Van Ostaijens eigen ordening van het werk — het vroege slecht, *Bezette Stad* een noodzakelijke fase, het *Eerste Boek van Schmoll* als het beste — wordt omgedraaid met argumenten die uit Nijhoffs eigen literatuuropvattingen voortkomen en die met zijn eigen poëticale belangen stroken. Hij construeert de Van Ostaijen die hem past. Allereerst onderstreept Nijhoff zijn autoriteit als criticus door te doen alsof hij in 1916 met het werk op de hoogte was en het toen al erkende. Vervolgens moest en wilde hij als dichter-criticus richting geven en die liep niet parallel met de ontwikkeling van Van Ostaijen. Niettemin diende Van Ostaijens formaat erkend te worden. Nijhoff doet dit dan ook, maar hij legt in zijn onderbouwing accenten die het belang van de ander laten sporen met zijn eigen gang. En daarmee voert Nijhoff ook een bedekt debat met de andere critici van Van Ostaijen, die evenzeer hun eigen beeld van de schrijver ingang willen doen vinden.

Literatuuropvattingen: inhoud en strategie

Hierboven heb ik een casus (of verschillende casusjes) behandeld waarvan de gegevens alom bekend zijn. Wat ik geprobeerd heb, is te laten zien dat deze gegevens tot nieuwe data kunnen worden geconstrueerd wanneer we als perspectief enkele specifieke vooronderstellingen kiezen ten aanzien van de mechanismen van het literaire veld. Ik heb trachten aan te tonen hoe de beeldvorming rond Van Ostaijen in Nederland is verlopen (althans deels) en hoe overwegingen van poëticale en strategische aard, gekoppeld aan zich steeds wijzigende posities en interrelaties in het literaire veld, daarbij een rol speelden.

Literatuuropvattingen zijn in dit complex van cruciale betekenis. Literatuuropvattingen vormen de basis — het stelsel van normen — van waaruit de deelnemers in het veld opereren, anders gezegd, hun gedrag is normgestuurd. Maar literatuuropvattingen zijn ook instrumenten waarmee het gedrag — selectie, ordening, waardering — wordt gemotiveerd, beargumenteerd, gelegitimeerd. Doordat het gedrag zich afspeelt in een dynamische, beïnvloedende en beïnvloedbare ruimte — het veld met al zijn participanten en instituties — waarbinnen men zich moet profileren om te kunnen bestaan, kent het poëticaal-gestuurde en zich van het poëticale bedienende gedrag een sterk strategisch moment. Een en ander betekent dat we literatuuropvattingen als uiterst complexe grootheden moeten beschouwen. Ze zijn inhoudelijk te benaderen — als minder of meer gesystematiseerde of systematiseerbare stelsels van normatieve ideeën over de (literaire) werkelijkheid die door de participanten gehuldigd worden en die hun handelen bepalen. En ze zijn te behandelen als strategische instrumenten die de deelnemers gebruiken om bepaalde sociale doelen te realiseren. Zoals ik hopelijk heb kunnen aantonen vinden we beide aspecten terug in het gedrag van bloemlezer Dirk Coster (en in dat van Martinus Nijhoff als criticus en zelfs van Van Ostaijen zelf).[14]

Wies Moens bestaat niet meer

Kijken we tenslotte nog eens naar hoe enkele bepalende bloemlezingen van na de Tweede Wereldoorlog onze Vlaamse dichters behandelen:

Nieuwe griffels schone leien (1954)
Paul van Ostaijen 10: 'Mobile', 'Vorst', 'Vrolik landschap', 'Wals van kwart voor middernacht', 'Berceuse presque nègre', 'Rijke armoede van de trekharmonika', 'Marc groet 's morgens de dingen', 'Melopee', 'Jong landschap', 'Alpejagerslied'
Wies Moens 2
Burssens 1, Van den Oever 1, Brunclair 2, Gijsen 4

Spiegel van de Nederlandse poëzie (1954)
Paul van Ostaijen 13: 'Stad', 'Zeer kleine speeldoos', 'Melopee', 'Polderlandse arkadia', 'Onbeduidende polka', 'Onbewuste avond', 'Polonaise', 'Oppervlakkige Charleston', 'Berceuse voor volwassenen', 'Avondgeluiden', 'Boere-charleston', 'Alpejagerslied', 'De oude man'
Wies Moens 0
Elsschot 6, Minne 5, Roelants 4, Mussche 2, Burssens 6, Van den Oever 9, Brunclair 2, Gijsen 4, Jonckheere 16, Coole 4

De Nederlandse poëzie van de 19de en 20ste eeuw in 1000 en enige gedichten (1979)
Paul van Ostaijen 10: 'Verlangen', 'Februarie', 'Woord-jazz op Russies gegeven', 'Huldedicht aan Singer', 'Berceuse presque nègre', 'Marc groet 's morgens de dingen', 'Polonaise', 'Oppervlakkige charleston', 'Alpejagerslied', 'Zelfmoord des Zeemans'
Wies Moens 0
Minne 10, Burssens 7, Gijsen 4, Elsschot 4

We zien dat Van Ostaijens positie inderdaad die van een onaantastbare moderne klassieker is geworden. Gewijzigde opvattingen — de Vijftigers — hebben gemaakt dat hij eenvoudig in het normsysteem ingepast kon worden. Op een gegeven moment is hij zelfs zo klassiek geworden dat ook een anti-Vijftiger als Komrij hem een hoge plaats in zijn pantheon kan gunnen. Hetzelfde kunnen we niet van Van Ostaijens antipode van voorheen zeggen. Wies Moens is in de naoorlogse bloemlezingen nagenoeg tot geheel verdwenen. Dankzij dezelfde mechanismen van het literaire veld die er voor gezorgd hebben dat er voor Van Ostaijen een standbeeld is opgericht, is Moens ondergegaan in het stof der eeuwen, zoals ook blijkt uit de volgende woorden: „En Wies, wie is Wies? Is dat niet die snoezige, pijprokende collabo die na W.O. II grootnederlands naar de Hollanders is gevlucht om hier niet te moeten hangen? En o ja: schreef Wies ook geen gedichten in het zwart? Soms is het troostrijk te weten dat alles voorbijgaat" (Gruwez 1995:740). Wies Moens bestaat niet meer (en Dirk Coster overigens ook nauwelijks), een constatering die Van Ostaijen wellicht goed zou doen.

Noten

[1] Zelf ben ik overigens niet geheel overtuigd door T'Sjoens betoog. In ieder geval is zeker niet door Boon een wending gekomen in de ontvangst van Minne. Zouden we daarvoor niet veeleer *Forum* verantwoordelijk moeten stellen en in het verlengde daarvan de inspanningen van Geert van Oorschot om behalve de Brusselse Jan ook de Gentse Richard uit te geven en permanent in zijn fonds te houden?

[2] Vgl. Anbeek (1990:130-133): „Het modernisme (...) heeft in Nederland weinig grond onder de voet gekregen" (130). En: „In Vlaanderen (...) vindt men het modernisme wél sterk vertegenwoordigd in de persoon van Paul van Ostaijen" (131).

[3] Onder meer: Moens (1922), Van de Voorde (1922). Zowel Moens als Van de Voorde wijzen de richting Van Ostaijen af, zonder de dichter te noemen (zie Moens (1922:878-879): „arithmetica van het lyrisme!", „dada [als kenteken] voor de geestelijke chaos", dada als „liefdeloosheid" en „de dood, ook voor de poëzie!"). In zijn redactionele terugblik op de eerste jaargangen van zijn tijdschrift refereert Coster (1922:1060-1061) aan dit „belangrijk debat (...) over de z.g. 'moderniteit' in de dichtkunst". Wat die 'moderniteit' aangaat, in het opnamebeleid „hebben wij (...) de excessen (...) consequent afgeweerd", waarmee hij waarschijnlijk ook op de dichter van *Bezette Stad* duidt. — Verder nog: Coster (1923), Van de Voorde (1923b) (dada als ontaarding) en (1923a), waarin Van Ostaijen eindelijk wél genoemd wordt, zij het en passant (435).

[4] Met Van Ostaijen en andere decadente of anarchistische kunstenaars wordt het woordveld 'krachteloos', 'machteloos' geassocieerd (tegenover de kracht van de vitale eenheidsbeweging die de losse elementen in de werkelijkheid zinvol bindt). Hierbij sluiten dan noties van fragmentarisme en dergelijke aan. Vgl. ook Coster in een brief aan Urbain van de Voorde uit 1926: „de impotente heer v. Ostayen" (1961a:253).

[5] Coster reageerde op een recensie over Urbain van de Voorde van de hand van Achilles Mussche in *Ter Waarheid*. Hierna barstte het bovenvermelde *Stem*-debat over de moderne Vlaamse poëzie los.

[6] *Nieuwe geluiden (1927³)*
Paul van Ostayen 3: 'Het stille Lied', 'Nieuwe Liefde' (*Het Sienjaal*), 'Melopee'
Wies Moens 5
(Van den Oever 2, Gijsen 5, Mussche 2, Boens 0, Van de Voorde 7, Minne 3)

[7] Voor het begrip 'orkestratie', cf. Van Rees (1985).

[8] „Alleen doordat de dichter zich bezighoudt een goed gedicht te schrijven, doordat hij streeft naar een zoo zuiver mogelik formele oplossing van het probleem, dat door de lyrische ontroering werd gesteld, — alleen daardoor bekomen zijn objekten zulke valeurs, dat zij ontsluierend werken als de dingen der natuur" (*Prisma* 1930:5).

[9] Engelman (1931:103-123) is bijvoorbeeld zeer waarderend: „Men zal hem nu wel spoedig erkennen" (114), „Eeren wij dezen 'gewonen' dichter" (117), „Aan kinderen en eenvoudigen zal deze schoonheid openbaar worden, en anderen blijven er maar af." Daarbij worden wel pogingen ondernomen de Vlaamse dichter voor de kring van „de jonge katholieken uit het Noorden" (106) te annexeren: „Hij bezat de exaltatie waarom hij den Nederlander smeekte en die hem zijn hoop deed stellen op de katholieken van het Noorden" (120). Henk Kuitenbrouwers negatievere oordeel moet in het licht van zijn controverse met Engelman worden gezien: „Enkele verzen zullen in de veilige ompantsering van een bloemlezing voorlopig blijven leven of liever blijven tentoongesteld, zijn krities werk zal wellicht nog een tijd genoemd blijven als een tipieseenzijdige verdediging van het overwonnen standpunt der zuivere poëzie, en zo zal de dichter en kriticus Paul van Ostaijen bijgezet worden in de lange grafkelders onzer letterkunde, een naam, een jaartal, onder de vele namen en jaartallen" (Geciteerd naar Scholten (1978:80)).

[10] Wel moet worden verdisconteerd dat Coster hier aan Van Ostaijens literaire vijand Urbain van de Voorde schrijft.

[11] In 1955 komt Coster nog eenmaal op Van Ostaijen terug, wederom tegenover Van de Voorde. Naar aanleiding van de Vlaamse literatuurgeschiedenis van Lissens schrijft hij: „Lissens ontleent zijn invloed voornamelijk aan zijn gekweel en gekwijl over Van Ostayen — dat helemaal niet intelligent is! — maar door jou diens grote tegenspeler te noemen, brengt hij je op de plaats die je toekomt. *Dus Van Ostayen is het medium dat jou op die plaats brengt.* In de hemel der litteratoren zit er op 't ogenblik iemand te tandenknarsen" (Coster 1961b:246-247).

[12] Nijhoff bracht zijn voorkeuren voor *Music-hall* en *Het Sienjaal* ook in praktijk: 'Het uur u' (eerste publicatie 1937) is onmiskenbaar geïnspireerd op het titelgedicht uit Van Ostaijens debuut en toen August Henkels hem tijdens de Tweede Wereldoorlog weer eens een gedicht voor de clandestiene, door H.N. Werkman vormgegeven reeks De Blauwe Schuit had gevraagd, stuurde Nijhoff geen eigen gedicht, maar schreef hij het ook in zijn bespreking al genoemde gedicht 'Aan een Moeder', met het motto 'Haar zoon viel op het slagveld', over.

[13] Vgl. 'Over eigen werk': Nijhoff is tegen het vrije vers van Eliot en consorten die „hun métier, hun vak, te gering (hadden) geacht (...) (en) op zoek naar abstractie en menigte, hun versvorm zelf als ruiten (hadden) ingeslagen" (Nijhoff 1994b:266).

[14] Mijn aanpak is geïnspireerd, het moge duidelijk zijn, op de veldtheorie van Bourdieu, althans een milde vorm ervan. De veldtheorie staat centraal in het programma van de Stichting Literatuur-, Muziek- en Theaterwetenschap van NWO. Voor meer informatie, cf. Van Rees en Dorleijn (1993). Hierin vindt men ook verdere literatuur. Voorts verwijs ik graag naar Missinne (1994) en Brems (1994).

Literatuuropgave

Akker, Wiljan van den en Gillis J. Dorleijn (1996), 'Over de geschiedschrijving van de moderne Nederlandse poëzie. Problemen, getallen, suggesties'. In: *Nederlandse Letterkunde*, jg. 1, nr. 1, 1996, pp. 2-29.

Anbeek, Ton (1990), *Geschiedenis van de Nederlandse literatuur tussen 1885 en 1985*. Amsterdam 1990, De Arbeiderspers.

Bastiaanse, Frans (1927), *Overzicht van de ontwikkeling der Nederlandsche letterkunde; met bloemlezing*. Deel 4. [Amsterdam] 1927, Maatschappij voor goede en goedkoope lectuur.

Borgers, Gerrit (1971), *Paul van Ostaijen. Een documentatie*. Den Haag 1971, Bert Bakker.

Braak, Menno ter (1980), 'Over het nut van bloemlezingen'. In: Menno ter Braak, *Verzameld werk*. Deel 5. Tweede druk. Amsterdam 1980, G.A. van Oorschot, pp. 40-46.

Brems, Hugo (1994), *Een zangwedstrijd. Over literatuur en macht*. Leuven 1994, Davidsfonds/Clauwaert.

Coster, Dirk (1922), 'Bij den ingang van den derden jaargang. Een overzicht'. In: *De Stem*, jg. 3, deel 2, 1922, pp. 1057-1064.

Coster, Dirk (1923), 'Onze publicaties over de poëzie'. In: *De Stem*, jg. 3, deel 1, 1923, pp. 172-174.

Coster, Dirk (1961a), *Brieven 1905-1930*. Leiden 1961, A.W. Sijthoff.

Coster, Dirk (1961b), *Brieven 1950-1956*. Leiden 1961, A.W. Sijthoff.

De Nederlandse poëzie van de negentiende en twintigste eeuw in duizend en enige gedichten. [Samenstelling en voorwoord] Gerrit Komrij. Amsterdam 1979, Bert Bakker.

Engelman, Jan (1931), 'Paul van Ostayen'. In: Jan Engelman, *Parnassus en Empyreum*. Maastricht 1931, Leiter-Nypels, pp. 103-123.

Gruwez, Luuk (1995), [Bijdrage aan 'Ruimteschuw?']. In: *Dietsche Warande & Belfort*, jg. 140, nr. 6, 1995, pp. 739-743.

Marsman, Hendrik (1921), 'Bezette stad'. In: Jaap Goedegebuure, *Op zoek naar een bezield verband*. Deel 2. Amsterdam 1981, G.A. van Oorschot, pp. 72-74.

Marsman, Hendrik (1963), 'Paul van Ostaijen'. In: Hendrik Marsman, *Verzameld werk*. Amsterdam 1963, Querido, pp. 510-513.

Missinne, Lut (1994), *Kunst en leven, een wankel evenwicht. Ethiek en esthetiek: prozaopvattingen in Vlaamse tijdschriften en weekbladen tijdens het interbellum (1927-1940)*. Leuven/Amersfoort 1994, Acco.

Moens, Wies (1922), 'Het nieuwe dichten'. In: *De Stem*, jg. 2, deel 2, 1922, pp. 868-881.

Moens, Wies (1923), 'Zelfverweer'. In: *De Stem*, jg. 3, deel 1, 1923, pp. 353-357.

Nieuwe geluiden. Een keuze uit de poëzie van na den oorlog (1918-1923). Bijeengebracht en ingeleid door Dirk Coster. Arnhem 1924, Van Loghum Slaterus en Visser. Tweede vermeerderde druk, 1925. Derde vermeerderde druk, 1927. Vierde vermeerderde druk, 1932. Vijfde vermeerderde druk, 1941 [=1942].

Nieuwe griffels schone leien. Van Gorter tot Lucebert, van Gezelle tot Hugo Claus. Een bloemlezing uit de poëzie der avantgarde. Samengesteld en ingeleid door Paul Rodenko. Den Haag 1954, Bert Bakker/Daamen.

Nijhoff, Martinus (1961a), 'Document en monument: Paul van Ostaijens verzameld werk'. In: Martinus Nijhoff, *Verzameld werk II. Kritisch, verhalend en nagelaten proza*. Den Haag/Amsterdam 1961, Bert Bakker/G.A. van Oorschot, pp. 1056-1060.

Nijhoff, Martinus (1961b), 'Jan van Nijlen'. In: Martinus Nijhoff, *Verzameld werk II. Kritisch, verhalend en nagelaten proza*. Den Haag/Amsterdam 1961, Bert Bakker/G.A. van Oorschot, pp. 364-367.

Nijhoff, Martinus (1961c), 'Nieuwe geluiden'. In: Martinus Nijhoff, *Verzameld werk II. Kritisch, verhalend en nagelaten proza*. Den Haag/Amsterdam 1961, Bert Bakker/G.A. van Oorschot, pp. 191-201.

Nijhoff, Martinus (1994a), 'Moderne dichters. Paul van Ostaijen'. In: Martinus Nijhoff, *De pen op papier. Verhalend en beschouwend proza, dramatische poëzie*. Amsterdam 1994, Prometheus/Bert Bakker, pp. 214-221.

Nijhoff, Martinus (1994b), 'Over eigen werk'. In: Martinus Nijhoff, *De pen op papier. Verhalend en beschouwend proza, dramatische poëzie*. Amsterdam 1994, Prometheus/Bert Bakker, pp. 241-269.

Perron, E. du (1955), *Cahiers van een lezer*. In: E. du Perron, *Verzameld werk*. Deel 2. Amsterdam 1955, G.A. van Oorschot, pp. 5-307.

Perron, E. du (1977), *Brieven*. Deel 1. Amsterdam 1977, G.A. van Oorschot.

Prisma. Bloemlezing uit de Nederlandsche poëzie na 1918. Verzameld en ingeleid door D.A.M. Binnendijk. Blaricum [1930], De Waelburgh.

Rees, C.J. van (1985), 'Consensusvorming in de literatuurkritiek'. In: H. Verdaasdonk (red.), *De regels van de smaak*. Amsterdam 1985, Joost Nijssen, pp. 59-85.

Rees, C.J. van en G.J. Dorleijn (1993), *De impact van literatuuropvattingen in het literaire veld*. 's-Gravenhage 1993, Stichting Literatuurwetenschap.

Scholten, Harry (1978), *Aspecten van het tijdschrift De Gemeenschap*. Baarn 1978, Ambo.

Spiegel van de Nederlandse poëzie. 3: 1900-1940. [Samenstelling en inleiding] Victor E. van Vriesland. Amsterdam [1954], Meulenhoff.

Spinoy, Erik (1992), 'Paul van Ostaijen. De derde reus'. In: Dirk de Geest en Marc van Vaeck (red.), *Brekende spiegels. Beeldveranderingen in de Nederlandse literatuur*. Leuven 1992, Peeters, pp. 143-159.

T'Sjoen, Yves (1995), '„Jonge heertjes met oudjes-gefleem". De ironie van Richard Minne in het aanslepende publieke debat over *'t Fonteintje* en *Ruimte*'. In: *Dietsche Warande & Belfort*, jg. 140, nr. 6, 1995, pp. 715-730.

Voorde, Urbain van de (1922), 'De eeuwige lyriek'. In: *De Stem*, jg. 2, deel 2, 1922, pp. 967-979.

Voorde, Urbain van de (1923a), 'Godsvrede'. In: *De Stem*, jg. 3, deel 1, 1923, pp. 429-443.

Voorde, Urbain van de (1923b), 'Rythme en beeld'. In: *De Stem*, jg. 3, deel 2, 1923, pp. 112-132.

POËTICALE VERWANTSCHAP VAN DICHTER EN SCHILDER OF HET AANSCHOUWEN VAN 'LIEDEREN VAN HET WERKELIKE LEVEN'

Odile HEYNDERS
K.U.Brabant

Ik kijk naar dat schilderij en het treft mij telkens weer, telkens meer zelfs. Alsof ik het telkens weer en telkens meer nooit eerder gezien heb. Alsof ik maar niet begrijpen kan waarom die dingen daar zo liggen. Het brein is een dwangmatige zoeker naar samenhang.
Rutger Kopland (1995:65)

1. *Poëtica-onderzoek in Nederland: de theorie*

Aan de wieg van het Nederlandse poëtica-onderzoek staan twee vaders: J.J. Oversteegen en A.L. Sötemann. (Ik ga voorbij aan het feit dat een aantal comparatistische studies de 'geboorte' van het poëtica-onderzoek aan het begin van de jaren zeventig hebben voorbereid: studies als *Het poëtisch programma van Tachtig* van Brandt Corstius (1968) en *Albert Verwey en het nieuwe classicisme* van Kamerbeek jr. (1966).) Oversteegen publiceerde in 1969 zijn dissertatie *Vorm of vent* over literatuuropvattingen in het interbellum. Hij ging uit van de vraag welke denkbeelden omtrent de aard van het literaire werk Nederlandse critici hebben gehanteerd tussen 1916 en 1940 en gebruikte als onderzoeksmateriaal literaire kritieken en niet, of slechts heel minimaal, het primaire dichterlijke of prozaïsche werk van de auteurs en critici.

Sötemann publiceerde in de jaren zeventig vele artikelen over poëtica-onderzoek, in 1985 gebundeld in *Over poetica en poëzie*, en hij was veel meer geïnteresseerd in literatuuropvattingen zoals die naar voren komen in het primaire werk. Niet alleen de versexterne uitspraken van een dichter als Nijhoff of Kouwenaar, maar juist ook de versinterne uitspraken en beeldspraak delen iets mee over de literatuuropvatting die een dichter erop na houdt. Meer dan Oversteegen hield Sötemann zich bezig met het probleem van de continuïteit van literatuuropvattingen, vandaar dat hij bij Abrams te rade ging om, vanuit het schema expressieve, autonomistische, pragmatische en mimetische poëtica, tendenties van aansluiting en verandering aan te geven.

Twee leerlingen van Sötemann, W.J. van den Akker en G.J. Dorleijn, in de jaren tachtig aangesteld als hoogleraar Nederlandse letterkunde, liepen aanvankelijk in diens voetspoor door zich vast te houden aan de poëticale karakterisering van Abrams en door het onderzoek naar zowel poëzie-interne als -externe uitspraken, maar traden daar na verloop van tijd uit. Dorleijn pleegde als eerste 'vadermoord'.

In zijn oratie *Terug naar de auteur* (1989) maakte hij duidelijk dat voor hem bestudering van de contextuele factoren waaronder een auteur werkt, steeds belangrijker werd. Het is mogelijk het ontstaan van bundels te *verklaren* met behulp van kennis van de poëtica's van auteurs. We kunnen vaststellen dat Dorleijn zich hiermee afkeerde van Sötemann en zich in zekere zin *toe*keerde naar Oversteegen. Van den Akker gaf blijk van een sterkere gebondenheid aan Sötemann. Hij verdiepte in zijn dissertatie diens poëtica-begrip en stelde in zijn inaugurele rede (Van den Akker 1988) tekstinhoudelijke poëticale aspecten centraal. In een samen geschreven artikel uit 1991 namen Van den Akker en Dorleijn openlijk afstand van Sötemann door vooral het gebruik van de van Abrams afkomstige poëticale categorieën in twijfel te trekken.

Drie jaar later werd een belangrijke stap gezet door Dorleijn in samenwerking met de in Tilburg aangestelde literatuursocioloog Van Rees (Van Rees en Dorleijn 1994) in hun pleidooi voor een *complementaire* benadering van het poëtica-onderzoek. Het inhoudelijk onderzoek van teksten zou gekoppeld moeten worden aan een institutionele benadering van de deelnemers aan het literaire veld. Ik schreef indertijd een principiële reactie op dit voorstel (Heynders 1995), omdat ik vond dat de benadering niet complementair genoeg was, beter gezegd: de methodologische aannames van institutioneel onderzoek domineerden het betoog en schoven vooronderstellingen en mogelijkheden van het tekstinhoudelijke onderzoek opzij. Het reconstructie-begrip dat gehanteerd werd, leek mij bovendien niet houdbaar: je kunt de oorspronkelijke literatuuropvatting van een auteur *per definitie* nooit achterhalen en bovendien kun je als je zelf deelnemer aan het literaire veld bent — en ik geloof dat wij dat als academische critici zijn — geen objectief metastandpunt aannemen ten aanzien van dat veld en de teksten die dat veld beheersen.

Belangrijk aan het voorstel van Dorleijn en Van Rees was dat zij een duidelijke koerswijziging inzetten ten opzichte van de richting die Sötemann had vertegenwoordigd, terwijl zij tegelijkertijd afstand namen van Oversteegens onderzoek, waarin zij een te nauw verband veronderstelden tussen de poëticale theorie en de kritische praktijk van een bepaalde auteur. Deze kritiek was in feite gebaseerd op het uitgangspunt dat niet zozeer inhoudelijke overwegingen als wel literair-politieke aspecten en contextuele factoren de poëticale positionering van een auteur bepalen.

Inmiddels heeft Dorleijn in samenwerking met Van den Akker de uitwerking van zijn complementaire voorstel in gang gezet (Van den Akker en Dorleijn 1996). In het eerste nummer van het nieuwe tijdschrift *Nederlandse Letterkunde* presenteren zij een verslag van recent onderzoek naar de literaire productie in de jaren 1901-1940. Centrale vraag is: welke schrijvers publiceerden wanneer en waar welke gedichten? In deze centrale vraag tekent zich een enorme kloof af ten opzichte van de positie van hun vroegere leermeester. Niet de vraag wanneer en waar verschenen gedichten, interesseerde hem op de eerste plaats, maar de vraag *wat betekenen* gedichten, hoe moeten wij ze interpreteren in het licht van een poëticale vraagstelling?

Samenvattend kunnen we stellen dat, en dat geldt niet alleen voor Dorleijn en Van den Akker en het neerlandistiek-onderzoek dat zij momenteel onder hun hoede hebben, maar ook voor onderzoek dat in de kring rond Van Rees wordt uitgevoerd, er een toenemende aandacht is voor de beschrijving en verklaring van processen die zich afspelen in het literaire *circuit*. Het gaat dan om processen van beeldvorming en van materiële productie. Het onderzoek naar tekstinhoudelijke poëticale processen, naar de wisselwerking tussen externe/interne poëtica en tekst/lezer (ofwel auteurs-poëtica/lezerspoëtica) wordt in de Nederlandse academische praktijk marginaler.

Deze stand van zaken binnen het poëtica-onderzoek sluit aan op een meer algemene ontwikkeling die zich binnen de geesteswetenschappen aftekent: de toenemende gerichtheid op historische aspecten, het failliet van de structuralistische of autonomistische positie. We zien dat de merlinistische interpretatiepraktijk, die in de jaren zestig en zeventig dominant was, weer plaats heeft gemaakt voor een gerichtheid op auteur en context. Dit betekent in feite een terughalen van de oude filologische traditie. Bovendien zien we dat mede vanuit bepaalde poststructuralistische denkbeelden een toenemende bewustheid is ontstaan van het effect van een literaire tekst en van de historische positie die een lezer inneemt.

Mijn standpuntbepaling binnen het poëtica-onderzoek heeft alles te maken met mijn interesse voor deze laatstgenoemde positie van de lezer. Zoals gezegd zet ik vraagtekens bij de vermeende objectiviteit van de literatuuronderzoeker, ofwel de distantie die een onderzoeker in zou moeten nemen, in kán nemen ten opzichte van de beeldvorming binnen het literaire circuit. Ik constateer dat imago's van auteurs en hun werk een kwestie zijn van beeldvorming, maar ik denk ook dat die beeldvorming mede bepaald wordt door mijn interpretatie van het œuvre. Het beeld dat we van het oeuvre van Van Ostaijen hebben, is een beeld van ontwikkeling van humanitair expressionisme naar een organisch expressionisme en vervolgens naar een steeds meer 'zuivere' lyriek. Dit beeld zou geen vaststaand gegeven moeten zijn, maar telkens opnieuw bewezen en onderzocht moeten worden. Anders geformuleerd, ik zal telkens een 'nieuw' beeld van Van Ostaijen moeten vormen, als ik hem leesbaar wil houden. Het op kwantitatieve data gebaseerde onderzoek van Dorleijn en Van den Akker is zinvol, maar moet aangevuld worden met onderzoek waarin gelezen wordt en waaruit duidelijk wordt dat de reputaties van auteurs en de categorisering van teksten ook beïnvloed worden door de mate waarin die teksten in een *nu* geïnterpreteerd worden en betekenis krijgen.

Daarmee ben ik aangekomen bij een probleem dat het poëtica-onderzoek overstijgt, maar dat zich bij de honderdjarige herdenking van een auteur sterk opdringt, namelijk het probleem van de actualiteit van teksten, en van de openheid van de literatuurkritiek. Als je als professionele lezer bijna zeventig jaar na de dood van de dichter wordt geconfronteerd met de resultaten van het onderzoek dat dit werk heeft opgeleverd, slaat de schrik je om het hart, zeker als blijkt dat studies als die van Gerrit Borgers (1971) en Paul Hadermann (1965 en 1970) zo interessant en uitputtend zijn. Hoe kun je de gedichten nog lezen na lezing van deze studies? Hoe hervind je de 'onschuld' van de gewone lezer?[1] Het probleem is dat alles met betrekking tot het werk van Van Ostaijen vast lijkt te liggen: referentiekaders, poëticale noemers, historische context en biografische feiten. Van Gadamer leerden we dat voorkennis onontbeerlijk is in de hermeneutische praktijk, maar in dit geval kan die voorkennis wel eens als een scherm gaan werken dat de kracht van de gedichten zelf tegenhoudt.

2. *De praktijk: lectuur van 'Liederen van het werkelike leven'*

Van Ostaijens gedichten moeten gelezen worden, dat is de opdracht die wij als professionele lezers en als poëtica-onderzoekers hebben. Lezen betekent een vraag stellen aan het werk, een oude vraag opnieuw formuleren of een nieuwe vraag ontwerpen. Ik wil in dit betoog vragen naar de betekenis van de kleine cyclus waarmee *Het Sienjaal* uit 1918 opent: de 'Liederen van het werkelike leven'.

Op de eerste plaats koos ik voor deze cyclus omdat *Het Sienjaal* niet de meest gewaardeerde bundel van Van Ostaijen is.[2] Met de uitspraak van de dichter zelf dat zijn vroege poëzie „hoge-borst-zetterij" is, heeft hij deze gedichten als het ware gediskwalificeerd. Maar bij lezing ervan blijken ze minder bombastisch dan de auteur suggereerde. Ik koos ook voor deze gedichten omdat ze in hun titel een interessante kwestie aan de orde stellen: liederen van het werkelijke leven, levensliederen, of — en daarbij maak ik gebruik van Van Dale: liederen als melodieën op de woorden van een in beginsel eenvoudig gedicht. Moeten we de woorden „het werkelike leven" serieus nemen of horen we hier levensliederen, smartlappen die men zingt in een sentimentele bui? Op de derde plaats koos ik voor juist deze cyclus omdat er de vaak geciteerde, maar minder vaak 'echt' gelezen Van Gogh-gedichten in opgenomen zijn. En hier ligt de poëticale vraag die mij bezighoudt: welke poëticale verwantschap is er tussen Van Ostaijen en Van Gogh? We kennen het romantische beeld dat Van Ostaijen opwierp van de lijdende kunstenaar, van de profeet en de messias die Van Gogh voor hem was, maar is er ook iets anders op te maken uit deze gedichten? Tonen zij ook op een andere manier verwantschap tussen schilder en dichter?[3]

De reeks 'Liederen van het werkelike leven' bestaat uit acht gedichten, waarvan er twee lang zijn en opgedeeld in kleinere gehelen en waarvan er een bestaat uit vijf op zichzelf staande delen. Zes van de acht verzen dragen het woord 'lied' in de titel.

Het openingsgedicht is 'Een Lied' en lijkt op het eerste gezicht een eenvoudige beschrijving van een vrouw die bloemen strooit over haar geliefde. Maar de eenvoud wordt onmiddellijk verstoord door het kosmologische beeld dat deze vrouwelijke geliefde opwerpt:

> (...) zó zijt gij tot mij gekomen
> zomerlik reëel, sterke
> ziel van buiten, geworden tot mijn ziel;
> kracht, die weer buitenwaarts gaat. (I:87)

De ziel van de ander is bron van inspiratie voor het sprekend subject. Hij neemt iets van haar in zich op, wat zich omzet tot buitenwaartse kracht. Het „zomerlik reëel" zorgt voor problemen. Ik kan me er wel *ongeveer* een voorstelling van maken, denkend bijvoorbeeld aan de zomer-essentie die Proust aan het begin van *Combray* tracht vast te leggen — de warmte en de kamer met gesloten luiken: „De donkere koelte van mijn kamer verhield zich tot de zonovergoten straat als de schaduw tot het licht, dat wil zeggen, de intensiteit was precies even groot en hij gaf mijn geest een volledig beeld van de zomer (...)" (Proust 1979:93). *Combray* verscheen in 1913, vijf jaar vóór de publicatie van *Het Sienjaal,* en leert ons iets over de preoccupatie met de wisseling van de seizoenen. Met een precieze en toch suggestieve beschrijving wordt een herkenbare sensatie opgeroepen. Toch blijft Van Ostaijens cryptische „zomerlik reëel" nog raadsels verborgen houden.

Het tweede gedicht uit de reeks die voor ons ligt, heet 'Zomerregenlied' en beschrijft precies wat in de titel wordt aangekondigd: een zomerbuitje. De regen wordt voorgesteld als „reiniging", hij maakt de stad schoon en intensiveert de ervaring van de stedelijke ruimte: „Mensen die zich spoeden om de reine regen te ontvluchten", de tram die lijkt op „een poedel die uit het water rijst", en de dichterlijke spreker die „door de straten / en langs de huizen" wandelt. Hier keert de ervaring van het binnen en buiten uit het vorige gedicht terug: „Grootse wandeling: bewuste, uiterlike ritmus / der stille handeling van het innerlike denken." Kennelijk intensiveert deze buiten/binnen-ervaring de beleving van het 'zijn', want we lezen:

> Nieuwe werkelikheid: zachte regen die mij omvat;
> stortvlaag, die mij opneemt, verder draagt in zich;
> frisheid van mijn handen en van mijn gelaat;
> onwerkelike werkelikheid, zó onverwacht,
> maar zelf wachtend op wat zij voorbereidt. Loutering. (I:90)

Het gaat mij, juist omdat ik in het vorige gedicht iets heb laten liggen, om de uitdrukkingen „nieuwe werkelikheid" en „onwerkelike werkelikheid" die de kosmologische ervaring van ruimte aankondigen die aan het slot van dit gedicht aan de orde is als het sprekend subject tot stilstand komt op een plein waar langzaam de zon doorbreekt, maar die ook op iets anders wijzen, namelijk op een problematiseren in de poëtische taal van zijn en niet-zijn. Hier treffen we een poëticale twijfel aan: hoe kun je beschrijven wat er wel en niet gebeurt op een zomerdag waarop een regenbui valt? Tot waar reiken de dichterlijke middelen? „Nieuwe werkelikheid", „onwerkelike werkelikheid", „zomerlik reëel" zijn woorden die een bijna mimetische bezwering oproepen: wat werkelijk ervaren is, zo opschrijven dat het overtuigt, maar die tegelijkertijd doen beseffen dat dit altijd een poëtische, een „onwerkelike werkelikheid" zal zijn. „De kunst zal (...) nieuwe verhoudingen scheppen", had Van Ostaijen acht maanden eerder, in januari 1917, geschreven, en: „Een photo zal nooit zoo sterk als het in de werkelijkheid wel het geval is de aandacht op de speciale eigenschappen van den gekiekten persoon weten te vestigen" (IV:493).

Het derde gedicht heet 'Avondlied' en beschrijft het vallen van de avond in de stad. Dit is geen sentimenteel of eenvoudig lied, maar een opzwepende melodie. Zij begint rustig, als de dichterlijke spreker de sfeer van een huiskamer ter sprake brengt: „Woonkamer, o kultus van de nietige dingen!" Lamp, theekop en schoteltje en de stilte van de tuin tegen het vallen van de avond roepen een nostalgisch verlangen naar de moeder op: „Hoe warm is de stem van mijn moeder en alle herinnering". Maar na deze zachte opmaat, deze plechtige inleiding met het weemoedige adagio breekt de muziek door bij het beschrijven van de kantoorklerk die door het aansteken van de lamp ineens in een zee van licht zit, van de meisjes die de hele dag op zolderkamertjes hebben doorgebracht en nu naar buiten komen, van het verkeer in de straten en de mensen die naar huis toegaan. Het middendeel van het gedicht voegt aan dit beeld van de stad tegen het vallen van de avond eigenlijk niets toe, maar herhaalt en versterkt het beschrevene. Het beeld van de „symfonie", het veelstemmige muziekstuk wordt uitgewerkt en ook zwaarder door de herhaling van de zin: „Abattoir van al de illuzies: tentaculaire grootstraat!" Vervolgens wordt in het laatste deel van het gedicht het „finaalmotief" aangegeven en eindigt het met de dood van de avondstraat en het vallen van de nacht.

In eerste instantie heeft dit derde gedicht uit de reeks, met uitzondering van het stedelijke thema, niet zoveel te maken met de twee voorgaande. Het is veel meer een romantisch-expressionistische show van grootstedelijkheid en dynamiek. Hier vinden we geen directe reflectie op de werkelijkheid. Maar aan het slot van het gedicht staat wel iets dat ons indirect terugbrengt naar die reflectie in de beschrijving van wat de volgende morgen zou kunnen gebeuren:

> Morgen zullen de kinderen onthutst ontwaken
> en als de vrouwen het kamervenster zullen openzetten, zullen zij verbaasd de
> straat overschouwen,
> als was het de eerste maal dat zij dit venster openden ofwel: een vreemde straat. (I:97)

Hier komen we terug op de binnen/buiten-thematiek die een vervreemdingseffect in gang zet: het venster wordt geopend, de nieuwe morgen brengt een nieuw beeld op de straat. Wat eerder werd aanschouwd, ziet er ineens anders, vreemd uit. Opnieuw wil ik dit lezen als een poëticale passage, als een passage die net als eerdere uitspraken over „werkelijkheid" en „zomerlik reëel" de kracht van de dichterlijke uitdrukking benadrukt. Met gewone talige middelen moet een nieuwe blik op de wereld gegeven worden.

Daarmee zijn we gekomen bij het vijfdelige Vincent van Gogh-gedicht. Of misschien moet ik zeggen, bij de vijfdelige cyclus gedichten over Van Gogh die in de reeks 'Liederen' is opgenomen. Dit is een *reeks in een reeks*, alsof het een schroefbeweging betreft die steeds meer naar een middelpunt toetrekt. En opvallend is dat dit zelf geen liedjes zijn. Hier verstomt de muziek, hier wordt *niet* gezongen.

In het eerste deel, het eerste vers van deze reeks in de reeks, wordt de schilder beschreven als een profetische kunstenaar. Hij is in staat zijn eigen bestaan in de schilderijen tot expressie te brengen: hij schildert met wijn en bloed en brengt tot uitdrukking dat kunst liefde en allesomvattend is. Deze dweepzucht van Van Ostaijen met de persoon Vincent van Gogh wordt vaak geciteerd, maar is niet het meest belangwekkende dat we uit dit gedicht kunnen opmaken. Interessanter is dat we hier weer de worsteling met het binnen/buiten tegenkomen: „herder die het onvruchtbre gebeuren / van buiten, naar het grote centrum dreef", en drie regels verderop: „de dubbele machteloosheid van het naar buiten kijken", en weer drie regels verder: „al die machteloze vreemdelingen van buiten". Van Ostaijen herkent in het werk van de schilder zijn eigen obsessie met het binnen/buiten. De dubbele machteloosheid van het naar buiten kijken: betekent dat 'binnen' gevangen zitten? Een opgeslotenheid in het lichaam, of in een taal? Zit de verdubbeling hem in de machteloosheid uit te drukken, of die nu picturaal of literair is?

In de derde strofe van dit gedicht staat opnieuw een tamelijk raadselachtige passage:

> Niet het te zijn of niet te zijn is de levensopgaaf,
> maar het misterie van het zijn vult alles.
> Het eigen zijn. Dat over alles te leggen.
> Wordt eigen zijn van de omgeving. (I:98-99)

Het mysterie van het zijn, het „eigen zijn" en het zijn *worden* draaien als beelden in elkaar, maar maken in die draaibeweging duidelijk dat het niet alleen gaat om het werk, om de kunst, maar ook om iets meer: „Meer dan uw werk. Dit is het grote, / het oneindige", zo luidt het begin van het tweede Van Gogh-gedicht. En hier zijn we in de kern van de reeks van liederen aanbeland. Ik lees:

> Meer dan uw werk. Dit is het grote,
> het oneindige. Het venster
> op de ganse wereld.
> Ook alles wat in de verte schijnt
> strekt zich daarbinnen deinend uit.
> Een venster is alles.
> De ganse wereld ligt binnen één venster. (I:100)

De dubbele machteloosheid van het naar buiten kijken heeft alles te maken met dit venster op de ganse wereld. Met de wereld die binnen het venster besloten ligt. Met de wereld buiten die de schilder, die zich binnen bevindt, niet kan afbeelden. Welke vensters schilderde Van Gogh en op welke wereld boden zij uitzicht?

Er zijn veel schetsen, tekeningen en schilderijen in Van Goghs oeuvre waarop ramen staan afgebeeld. Op sommige van die prenten staan personages, op andere ontbreken zij en is er geen kijkende instantie aanwezig. Vooral in het begin van zijn schilderscarrière maakte Van Gogh veel tekeningen van werkende mensen — de naaiende vrouw, de wever, de boerenvrouw, de aardappelschilster — die afgebeeld zijn tegen een oplichtend raam: het licht dat zij nodig hebben voor hun handeling komt van buiten.

Op het schilderij 'Wever bij een open raampje' (zie *afbeelding 1)*, gemaakt in de zomer van 1884, zien we een man gebogen over een weefgetouw. Een donkere figuur waar het licht op valt. Beslotenheid binnen tegenover de weidsheid en het licht buiten. In de verte een torentje. Dichterbij een vrouw die zich naar de grond buigt en iets opraapt.

Afbeelding 1

Ook de aquarel 'Vrouw bij het raam, breiende' (zie *afbeelding 2)* biedt een binnentafereel met uitzicht naar buiten en ook hier is iemand aan het werk: een vrouw zit met haar rug naar het raam te breien. Vanuit het venster hebben we een uitzicht op een Hollands polderlandschap met een huis in de verte: „het grote, het oneindige." Op de vensterbank dichtbij staan drie potten met uitkomende bloembollen. Ook

dit is een nadrukkelijke binnen/buiten-voorstelling: beslotenheid die met weidsheid in contrast staat. De vrouw keert zich af van die weidsheid. Zij zit met haar
rug naar het raam. Waarom? Kon Van Gogh haar niet opzij tekenen? Wilde hij
haar handen in beeld brengen? Of thematiseerde hij hiermee de beslotenheid van
het binnenzijn? Het buiten bestaat alleen binnen het kader van het raam. De
vrouw heeft haar schoenen uitgetrokken om haar koude voeten op een stoof te
zetten. De naaimand staat naast haar op een stoel. Dit is huiselijkheid. Cultus van
nietige dingen. Herinnering aan de moeder.

Afbeelding 2

Van een heel andere orde is de gouache getiteld 'Venster van Vincents werkkamer' (zie *afbeelding 3*), die Van Gogh tekende toen hij na zijn grote inzinking in 1889 in het gesticht van Saint-Rémy was opgenomen. Deze tekening roept iets tegenstrijdigs op. De *dubbele machteloosheid van het kijken* wordt hier benauwend door het feit dat er tralies voor het raam zitten en in het besef dat Van Gogh toen hij dit tekende een zelfmoordpoging achter de rug had. Bovendien lijkt de slordigheid

Afbeelding 3

van maatgeving en perspectiefweergave van het raam erop te wijzen dat de tekening heel snel, in grote haast gemaakt is. De lege flessen op de vensterbank zijn er
achteraf, achteloos op geschilderd. Tegelijkertijd is het door de vrolijke kleuren,
vooral door het groen en blauw dat achter het raam zichtbaar wordt, een gerust-
stellend schilderij. In het okergeel van de kamer is het veilig werken.

Tenslotte kunnen we bij Van Ostaijens „venster / op de ganse wereld" ook denken aan het raam dat een klein beetje naar binnen openstaat op Van Goghs
beroemde schilderij 'Vincents slaapkamer' (zie *afbeelding 4*), gemaakt in de zomer
van 1889. Dit is een vrolijk schilderij. Het raam onthoudt ons weliswaar het zicht
op de verte, maar roept wel de connotatie van warm zonlicht en groen daarbuiten
op. In dit schilderij gaat het om het binnentafereel, waarin elk detail (kleren aan
een haakje, handdoek, borstel, versleten houten vloer), „o, kultus van nietige dingen", aandacht vraagt. De beslotenheid van de slaapkamer drukt intimiteit uit,
maar roept tegelijkertijd in herinnering dat Vincent in deze periode veel last van
nachtmerries had.

Afbeelding 4

Dit zijn afbeeldingen die letterlijk een venster laten zien, maar er is ook werk waarop „het venster" veel indirecter, figuurlijker een rol speelt. Ik noem alleen de schilderijen die Van Gogh maakte vanuit Saint-Rémy. Hij schilderde de tuin van het kloostergebouw vanuit een raam op de tweede verdieping. Het niet afgebeelde venster toont het uitzicht op de fontein in het midden en de muur aan het einde van de tuin.

„Het venster" is soms een letterlijke afbeelding, maar is altijd ook een metafoor voor dat wat de schilder laat zien. We kunnen ook zeggen dat het schilderij zelf een „venster / op de (...) wereld" is: een kleine, omsloten voorstelling die uitzicht biedt. Staan wij, toeschouwers van het schilderij, in „de ganse wereld"? Of is het andersom, biedt het schilderij als raam ons een blik op die wereld? Bevinden wij ons binnen of buiten?

Terug naar de gedichten. Na dit zwaartepunt in de reeks volgen nog drie Van Gogh-gedichten, waarin de stem van de schilder klinkt, waarin de dichter de schilder laat spreken over leed en leven, dood en geluk. Het lijden voor de kunst, harmonie en disharmonie zijn hier typerende expressionistische gedachten. Zij delen iets mee over de belangrijkste stroming in de kunst op dit moment, oktober 1917, maar eigenlijk delen zij niet zo heel veel mee, behalve als karikatuur, over de poëticale wording van Van Ostaijen.

De twee hieropvolgende gedichten, 'Het stille Lied' en 'De Appel' staan niet in de Van Gogh-cyclus, maar kunnen daar wel mee in verband gebracht worden. Het beeld van de lente, van de „bomen hun geweldig bottende takken, / levensdrift die de Japannezen begrepen" roepen de bloesemtakken van de schilder in herinnering die hij natekende van Japanse prenten. Het leed keert hier als thema terug en ook de poëticale reflectie op de „werkelikheid":

> Dit lied dat staan zal in de werkelikheid der dingen
> als de gebeurtenis van een ruimere Lente, na de hopeloze wentelingen van een
>   lange jarenreeks. (I:105)

In 'De Appel', geschreven op 10 oktober 1917, twee weken vóór de Van Gogh-cyclus, is de schilder alvast, opnieuw of nog steeds aanwezig. Het eerste schilderij dat Van Gogh met verf maakte, was een stilleven met appels (cf. Hulsker 1989). Later schilderde hij nog meer stillevens, manden met appels. Belangrijk is de wijze waarop aan het begin van dit vers naar de appels gekeken wordt: „Toen mijn ogen de ronde vrucht hadden bekeken / en toen zij hadden begrepen de appel zó-als hij werkelik aanwezig was". Dit is een kijken *zonder* machteloosheid. Maar er is en blijft een verschil tussen het aanschouwde beeld van de appel en de handeling van het bijten in de appel: „Doch eerst toen mijn tanden de ronde wonde / in de appel hadden gevonden, / heeft zich het beeld / tot handeling bezield." Er blijft een discrepantie tussen de intensiteit van uitdrukking van de appel en het ervaren van de appel in de werkelijkheid. In de uitdrukking is altijd meer aanwezig, is de „expressie van een onloochenbare persoonlijkheid" (IV:421) verweven. Zo zegt Van Ostaijen het als hij in 'Kerstmistentoonstelling van het Kunstverbond' de appelstillevens van Floris Jespers beschrijft en vergelijkt met die van Van Gogh.

Het is opvallend dat 'De Appel' net zomin als de vijf officiële Van Gogh-gedichten 'liedje' wordt genoemd. Dit zijn schilderijen, gedichten als schilderijen en daarmee iets anders dan klanken. Bij de 'Liederen van het werkelike leven' horen deze zes gedichten kennelijk als illustratie.

Er resten ons tenslotte nog twee liederen. Het 'Wiegeliedje voor de Geliefde' en 'Lied voor mezelf'. Het eerste is een eenvoudig gedicht op muziek gezet, waarin de geliefde toegezongen wordt dat zij haar ogen moet sluiten, het tweede is een schertslied, een vrolijke ballade over schip en Christus, over zeemanstranen en godsangst. De reeks van liederen eindigt met een vrolijkheid die snel vervliegt. Zoals in het werkelijke leven...

3. *Slot*

We kunnen Van Ostaijens 'Liederen van het werkelike leven' lezen via schilderijen van Van Gogh om zo een semantisch veld te openen dat verder ligt dan het „pathos" van de Duitse humanitaire expressionisten, dan „een hele pseudo-mystieke of -filosofische rommel in de beeldspraak" (Hadermann 1965:70).

Van Gogh is voor Van Ostaijen de schilder die zijn blik heeft geopend op de dynamiek van de voorstelling: „Men neme als voorbeeld het doek *Een koffiehuis*. De lampen, het biljart zijn naar hun communikatief dynamische waarde gegeven, d.i. volgens de stemming die zij werkelijk voortbrengen en representeeren; niet volgens hunne statische machteloosheid" (IV:494), zo schrijft hij in een kritiek uit 1917. Maar Van Gogh is ook degene, zo blijkt uit deze gedichten, die hem iets anders heeft geleerd: het kijken naar buiten en het leggen van een relatie tussen buiten en binnen. Het aanschouwen van een schilderij begint op een bepaald punt, maar de blik dwaalt weg en ontsnapt als er ruimte wordt gecreëerd, via een letterlijk of figuurlijk venster.

Ik citeer tot slot uit een brief van Van Gogh aan zijn broer Theo. Het is 28 november 1885:

> Wilde u nog enige impressies van Antwerpen schrijven. Vanmorgen heb ik een heel echte wandeling gemaakt in de plasregen, een tocht die ten doel had om mijn goed van het douanekantoor te halen; de verschillende entrepots en hangars aan de kaaien zijn erg mooi.
>
> Verscheiden keren reeds ben ik op allerlei manieren langs die dokken en kaaien gewandeld. Vooral wanneer men uit 't zand en de hei en de stilte van een boerendorp komt, en lang niets anders dan in een stille omgeving is geweest, is het curieus als contrast. Het is een ondoorgrondelijke warboel.
>
> (...)

> Ik zou er wel eens met u willen lopen, om te weten of we 't zelfde kijken. Men zou er alles kunnen maken, stadsgezichten — figuren van 't meest uiteenlopend karakter — de schepen als hoofdzaak met water en lucht, een fijn grijs — maar vooral — Japonaiseries. Ik bedoel, de figuren zijn er altijd in beweging, men ziet ze in de zonderlingste entourages, alles grillig, en er ontstaan vanzelf telkens interessante tegenstellingen. (Hulsker 1988:301)

'*Te weten of we hetzelfde kijken*' kan een sleutelzin zijn om de poëticale opvattingen van Van Gogh en Van Ostaijen te omschrijven. Het gaat erom te *kijken* en weer te geven en daarbij de afstand tussen visie en uitdrukking zo kort mogelijk te laten zijn (IV:274). De dubbele machteloosheid van het kijken heeft te maken met de moeilijkheid van weergave van dat wat bekeken wordt, maar ook met het kijken zelf. Waar staan we als we kijken? Wat zien we eigenlijk?

Het resultaat van mijn lectuur van de 'Liederen van het werkelike leven' is dat de poëticale ontwikkeling van Van Ostaijen, de ontwikkeling van expressionisme naar zuivere lyriek, genuanceerd kan worden. Anders geformuleerd: het humanitair expressionisme van de liederen laat dissonanten horen, veroorzaakt door een reflectie op het probleem van weergave én aanschouwing in literaire en picturale taal.

Noten

[1] Het punt is niet dat de gewone lezer 'puurder' of naïever is, dat hij meer tot de kern van de zaak doordringt, omdat er geen middelaar tussen hem en de tekst in staat, nee, mijn punt is dat er voor de professionele lezer soms te weinig tijd overblijft om daadwerkelijk te lezen, wil hij zich verantwoorden ten opzichte van de reeds verschenen literaire kritiek. Soms zijn wij professionele lezers meer bezig met het *legitimeren* dan met het *creëren* van betekenissen.

[2] Vgl. de opmerkingen van Hadermann over de poëzie in *Het Sienjaal*: „Van Ostaijen mist de authentieke, overweldigende vitaliteit van een Hugo, een Whitman of een Majakowski. Dáárom lijkt ons de boodschap van *Het Sienjaal* soms zo opgeschroefd, zo geforceerd" (1965:93).

[3] De Van Gogh-gedichten worden heel summier geïnterpreteerd door Janssens (1990). Zie ook Tralbaut (1956) en Hadermann (1970).

Literatuuropgave

Akker, W.J. van den (1985), *Een dichter schreit niet. Aspecten van Nijhoffs versexterne poetica.* Utrecht 1985, Veen.

Akker, W.J. van den (1988), *De zanger zonder weerga. J.H. Leopold en de modern(istisch)e poëzie. Over 'Verzen 1897'.* Amsterdam 1988, Van Oorschot.

Akker, W.J. van den en G.J. Dorleijn (1991), 'Poetica en literatuurgeschiedschrijving'. In: *De Nieuwe Taalgids*, jg. 84, nr. 6, 1991, pp. 508-526.

Akker, W.J. van den en G.J. Dorleijn (1996), 'Over de geschiedschrijving van de moderne Nederlandse poëzie. Problemen, getallen en suggesties'. In: *Nederlandse Letterkunde*, jg. 1, nr. 1, 1996, pp. 2-29.

Borgers, Gerrit (1971), *Paul van Ostaijen. Een documentatie.* Amsterdam 1971, Bert Bakker.

Brandt Corstius, J.C. (1968), *Het poëtisch programma van Tachtig. Een vergelijkende studie.* Amsterdam 1968, Athenaeum–Polak & Van Gennep.

Dorleijn, G.J. (1989), *Terug naar de auteur. Over de dichter M. Nijhoff.* Baarn 1989, De Prom.

Hadermann, Paul (1965), *De kringen naar binnen. De dichterlijke wereld van Paul van Ostaijen.* Antwerpen 1965, Ontwikkeling.

Hadermann, Paul (1970), *Het vuur in de verte. Paul van Ostaijens kunstopvattingen in het licht van de europese avant-gárde.* Antwerpen 1970, Ontwikkeling.

Heynders, Odile (1995), 'De toekomst van het poetica-onderzoek. Problemen van een reconstructieve-institutionele benadering'. In: *Spektator*, jg. 24, nr. 1, 1995, pp. 3-20.

Hulsker, Jan (1988), *Vincent van Gogh. Een leven in brieven.* Keuze, inleiding en toelichtingen Jan Hulsker. Vierde druk. Amsterdam 1988, Meulenhoff.

Hulsker, Jan (1989), *Van Gogh en zijn weg. Het complete werk.* Zesde, bijgewerkte en uitgebreide druk. Amsterdam 1989, Meulenhoff.

Janssens, Marcel (1990), 'Paul van Ostaijen-reflecties op Vincent van Gogh'. In: *Verslagen en mededelingen van de Koninklijke Academie voor Nederlandse Taal- en Letterkunde*, jg. 1990, nr. 1. Gent 1990, Koninklijke Academie voor Nederlandse Taal- en Letterkunde, pp. 134-149.

Kamerbeek jr., J. (1966), *Albert Verwey en het nieuwe classicisme. 'De richting van de hedendaagse poëzie' (1913) in zijn internationale context.* Groningen 1966, Wolters.

Kopland, Rutger (1995), *Het mechaniek van de ontroering.* Amsterdam 1995, Van Oorschot.

Proust, Marcel (1979), *Combray.* Vijfde druk. Amsterdam 1979, De Bezige Bij.

Oversteegen, J.J. (1969), *Vorm of vent. Opvattingen over de aard van het literaire werk in de Nederlandse kritiek tussen de twee wereldoorlogen.* Amsterdam 1969, Athenaeum–Polak & Van Gennep.

Rees, C.J. van en G.J. Dorleijn (1994), 'Literatuuropvattingen in het literaire veld. Over de integratie van twee benaderingen'. In: *Spektator*, jg. 23, nr. 2, 1994, pp. 91-114.

Sötemann, A.L. (1985), *Over poetica en poëzie.* Een bundel beschouwingen samengesteld en ingeleid door W.J. van den Akker en G.J. Dorleijn. Groningen 1985, Wolters-Noordhoff.

Tralbaut, M.E. (1956), *Van Gogh-reflecties op Van Ostaijen.* Antwerpen 1956, s.n.

„MEER ZEGGEN IS GEVAARLIJK"
DE 'MORGEN' VAN JAN WALRAVENS EN MARKIES DE SADE

Patrick PEETERS
K.U.Leuven

Iets begeren, het trachten te bekomen en al doen om het te bekomen, het loopt misschien ook op een mislukking uit, het is heel wat anders dan een wijsheid. Het ligt, geloof ik, meer langs de kant van de moed om zelf datgene te ondernemen waarin men wellicht niet lukken zal.
Jan Walravens (1961:169-170)

Een zelfreflexieve poëtica

In 1955 publiceerde Jan Walravens, op dat moment de grote, maar niet onbetwiste autoriteit op het gebied van de experimentele poëzie, de bloemlezing *Waar is de eerste morgen? De jonge experimentele poëzie in Vlaanderen.* Zijn anthologie werd onmiddellijk toegejuicht als een noodzakelijke verheldering en begrenzing van een programma. Typerend voor een dergelijke lectuur is de aanhef van de nochtans kritische recensie van Paul de Vree:

> Iedere tekst over, en iedere keuze uit de eksperimentele poëzie is meer dan welkom in deze tijd van strijd en verwarring. Selectie en oppuntstelling zijn hoogst noodzakelijk geworden. Na Celens *Moderne poëzie* en De Roovers *2 x over poëzie*, zijn de *4 scherven van 1 inleiding* van Walravens (...) een alleszins zeer moedige poging om een lijn te trekken in de hocuspocus van de produktie der jongeren. (De Vree 1956)

Deze initiële lectuur is door de literatuurgeschiedenis geconsacreerd. Walravens' bloemlezing en inleiding zijn tot op vandaag de norm voor wie de poëzie van de Vlaamse Vijftigers wenst te bestuderen. In recente literatuurgeschiedenissen, zoals die van Brems en De Geest, of in de studie over de literatuuropvattingen van *Tijd en Mens* van Jos Joosten functioneert *Waar is de eerste morgen?* steevast als een inventaris die de balans opmaakt van de experimentele schriftuur. Al moet daar meteen bij gezegd dat zij al meer oog hebben voor het dubbelzinnige statuut van Walravens' tekst dan De Vree. Zij lezen de bloemlezing als een afsluiting van de *Tijd en Mens*-poëzie, maar ook als een opening naar een verdere ontwikkeling.[1] Toch gaan dergelijke lecturen onveranderlijk voorbij aan een andere opvallende beweging in Walravens' tekst. Walravens trekt niet uitsluitend lijnen in de poëtische productie, hij brengt tevens incisies aan in de eigen tekst. Hij versnijdt zijn discours tot fragmenten en integreert deze tekst in zijn oeuvre door woorden en concepten uit vroegere teksten te hernemen. In plaats van een sluitende tekst af te leveren die de experimentele schriftuur eens en voor altijd indexeert, definieert en legitimeert, tracht Walravens met deze strategieën zijn tekst open te houden.

Met een titel als '4 scherven van 1 inleiding' presenteert Walravens zijn programmatische voorwoord uitdrukkelijk als een gefragmenteerde tekst.[2] Niet alleen nummert hij de verschillende tekstblokken van 1 tot 4, maar het tweede fragment wordt daarenboven cursief afgedrukt en over diverse bladzijden versplinterd. De vier componenten vertellen bovendien elk een op het eerste gezicht afgerond verhaal. Het eerste fragment probeert het experimentele gedicht te definiëren en behandelt daartoe voornamelijk de vormgeving, het derde segment neemt de inhoudelijke aspecten voor zijn rekening.[3] Het tweede, cursieve fragment bevat een historiserend discours over ontstaan, ontwikkeling en voortzetting van het experiment. De vierde scherf stelt de bereikte resultaten voor en informeert naar de toekomstige ontwikkeling. De vraag die daarbij rijst is deze: vormen de scherven één inleiding, zoals de titel nadrukkelijk met cijfers suggereert, of vormen de fragmenten, ondanks die suggestie, uiteindelijk niet meer dan de restanten van een onherstelbaar uiteengespat oorspronkelijk geheel. De open vraagvorm van het afsluitende fragment: „Is een vers van deze dichters meer dan een object van schoonheid: een feit en een tussenkomst?" (Walravens 1955:21), laat uitschijnen dat Walravens een groter geheel voor ogen stond dan de vier fragmenten samen kunnen vormen.

De tweede strategie die Walravens gebruikt om zijn tekst open te breken, schuilt in de verwijzing naar zijn vroegere teksten.[4] In deze inleiding ontmaskert Walravens de termen die hij inzette om de experimentele poëzie te omschrijven als 'etiketten'. Zijn concepten schieten in het licht van de experimentele poëzie noodzakelijk te kort:

> Maar hoe het klimaat van elk dezer dichters uitdrukken in andere woorden dan de hunne? Deze poëzie is niet te herhalen, zij is totaal in wat zij is en elk commentaar is slechts een 'hinein interpretieren'. Al de etiketjes die wij opgemaakt hebben om haar te catalogeren, dekken slechts een deel van haar wezen: poëzie van de droom, van de vrije vorm, van het absurde, van de stilte, van het experiment, het zijn maar termen. Gerrit Kouwenaar noemt haar 'een actieve beelding' en C. Buddingh zegt dat bij haar 'de beeldspraak van functioneel autonoom geworden is'. *Meer zeggen is gevaarlijk.* (Walravens 1955:16, cursivering van mij)

De grens die de woorden 'meer zeggen is gevaarlijk' introduceren in de relatie tussen poëzieproductie en -receptie, plaatst de teksten van Walravens onder spanning. Door de herneming van zijn 'etiketten' problematiseert Walravens voorgaande essays als 'Phenomenologie van de moderne poëzie', 'Ambassadeurs van de stilte' en 'Opstandigheid, verrukkelijke arend'. Walravens' inleiding bevat dus niet alleen een reflectie over de experimentele poëzie, maar plaatst ook vraagtekens bij het eigen kritische programma. Uit dit citaat spreekt in elk geval een hoog zelfbewustzijn met betrekking tot de eigen activiteit. Deze zelfreflexieve component van

Walravens' poëzieopvatting leidt in het onderzoek vooralsnog een gemarginali-
seerd bestaan.

De vraag die zich meteen opdringt is de volgende: waarom vindt iemand die
sinds 1947 bezig is om steeds opnieuw zijn opvattingen over en inzichten in experimentele poëzie te formuleren, het nodig om in een bloemlezing, waarin zijn
spreken uiteindelijk een culminatiepunt kan bereiken, op te merken dat méér zeggen gevaarlijk is — niet moeilijk, overbodig of zinloos, maar geváárlijk? Waarin
schuilt het gevaar van een metadiscours over experimentele poëzie?

Bestaande en bevestigde beeldvorming

Om op die vraag een voorzichtig en voorlopig antwoord te formuleren, wil ik de
metafoor van de 'morgen' aan een nader onderzoek onderwerpen. Het beeld komt
weliswaar niet voor in het lijstje van concepten dat Walravens opsomt, maar het
speelt niettemin een fundamentele rol in zijn poëzieopvatting. De centrale plaats
die het begrip inneemt in de titel van de bloemlezing en het belang dat er door
diverse onderzoekers aan gehecht wordt, rechtvaardigen die keuze.

De paradox die Walravens' literatuuropvatting motiveert, situeert men steevast
in de verbinding die hij tot stand wil brengen tussen de tijd, die een ethische houding
eist, en een naar autonomie strevende poëzie: „Hoe de ethische nood van de tijd
accorderen met de autonomie van de poëtica?" (Walravens 1953:625). Walravens'
gebruik van existentialistische en surrealistische referentiekaders is richtinggevend
voor de interpretatie van de rol die de 'morgen' speelt in zijn poëtica. Het beeld
van de 'morgen' wordt in het algemeen gelezen als het sluitstuk van Walravens'
project. De metafoor bevat de ethische dimensie van de experimentele poëzie
omdat zij uitzicht biedt op een door Walravens nagestreefde nieuwe mythe, een
nieuwe waardenschaal, een nieuwe waarheid, een nieuwe zuiverheid. Die invulling doet Walravens' poëtica belanden tussen een vormelijk avant-gardisme en een
inhoudelijk relatief traditionele poëzieopvatting. Walravens houdt vast aan de
opvatting dat poëzie de lezer moet bijbrengen hoe de mens dient te leven.

Die paradoxale poëtica uit zich volgens recent onderzoek ook in het afwijzen
van alle oude, idealistische vooronderstellingen en waarden, die echter langs de
achterdeur weer binnengesmokkeld worden. Het concept van de 'morgen' houdt
immers „opnieuw een oriëntatie op een weliswaar geheel vernieuwde, transcendente maar uiteindelijk toch statische Waarheid in" (Joosten 1996:358-359). Deze
herneming van het klassieke ideaal brengt de humanitair expressionistische wens-
droom weer in beeld. Twee factoren zorgen echter voor een accentverschil. In de
analyse van Joosten geeft het vaag blijven van de 'morgen' aan dat het in eerste
instantie gaat om een streven, een zoeken naar en een hopen op een utopie. Het
nieuwe ideaal wordt wel aanwezig gesteld in termen van vroeger, maar kan nog
geen concrete invulling krijgen. Het tweede verschilpunt situeert Joosten in een

doorgedreven subjectivering van de essentie. Voor Walravens schuilt de essentie niet langer in een platonische idee, maar is zij een subjectieve, menselijke grootheid. De 'morgen' die op een dergelijke manier van zijn lege karakter wordt ontdaan, gaat fungeren als een universeel en absoluut eindpunt dat de ethiek van Walravens' literatuuropvatting structureert: „Dit groeiend bewustzijn van de maatschappelijke desoriëntatie en chaos waarin het individu zich staande moet houden, heeft hem er nooit toe gebracht om (aan) de aanwezigheid van een absoluut ijkpunt, de 'nieuwe mythe', 'de nieuwe conceptie van de mens' of zelfs god te twijfelen" (Joosten 1996:431).

Joostens benadering reduceert de complexiteit van de 'morgen' al te drastisch en suggereert dat een gesloten wereldbeeld aan Walravens' poëticale opvattingen ten grondslag zou liggen. De 'morgen' is voor Joosten een in essentie bereikbaar en statisch iets dat Walravens inzet als antwoord op een fundamentele en groeiende onzekerheid. Dat blijkt vooral wanneer hij het ideeëngoed van Walravens meet aan dat van de Noord-Nederlandse theoreticus van de experimentele schriftuur: „Rodenko is radicaal en erkent alleen de zekerheid van het absoluut onzekere, Walravens behoudt een ongericht, en daarom misschien ook soms minder overtuigend aandoend, geloof in een nieuwe werkelijkheid. Hij wil bewust de mogelijkheid openhouden van een nieuwe „heelheid" tegenover de verscheurdheid van de moderne mens, die beide ongetwijfeld even essentieel ervoeren" (Joosten 1993:89). In Joostens studie van de poëtica van Walravens leidt dat tot de wat uitdagende — ook al omdat een vergelijking van die aard inherent vertekenend werkt — uitspraak: „Dit „principieel opene" is essentieel in Rodenko's denkwereld, en het zal een van de belangrijkste verschilpunten met Walravens blijken" (Joosten 1993:85).

Een strategische lectuur van Walravens' artikel 'Mislukt in de morgen. Een essay over de betekenis van Sade' kan dat vigerende beeld van Walravens' literatuuropvatting enigszins problematiseren. Dit opstel van 1952 heeft totnogtoe bijzonder weinig aandacht gekregen in het onderzoek naar Walravens' poëtica.[5] De aan Sades naam verbonden connotaties zullen daar allicht niet vreemd aan zijn. Walravens hecht evenwel een ander belang aan zijn opstel dan de louter provocerende werking die ervan uit zou kunnen gaan. *Tijd en Mens* en de experimentele poëzie hebben zich steeds moeten verdedigen tegen beschuldigingen van woordenkramerij, seksuele aberratie en pathologische ontsporing. Vanuit literair-strategisch oogpunt lijkt het dan ook niet erg verstandig om precies op het moment dat *Tijd en Mens* begint door te breken, uit te pakken met een essay over Sade.

Het uitzonderlijk belang dat Sade voor Walravens gehad moet hebben, kan men niet alleen afleiden uit de uitvoerige behandeling van zijn onderwerp. De confrontatie met het werk van Sade maakte een overweldigende indruk op Walravens. Al in 1945 duikt Sades naam op als voorbeeld van een revolterend auteur en hij blijft Walravens tot aan zijn dood in 1965 bezighouden.[6] In 1962 laat hij bijvoorbeeld nog één van zijn recensies van René Gysens essay *De slecht befaamde Markies de Sade* uitgroeien tot een, ondanks de vanuit een moreel-humanistisch standpunt op te werpen bezwaren, hartstochtelijk pleidooi vóór de lectuur van Sades teksten: „Er is slechts een besluit: Lees de Sade" (Walravens 1962:194).[7]

De constructie die Walravens van Sade maakt, wordt in hoge mate gemotiveerd door zijn lectuur van Sades teksten, maar niet minder door het referentiekader dat de Franse Sade-kritiek hem biedt.[8] Vanuit een uitgesproken aandacht voor Sades biografie pogen de naoorlogse commentaren in Frankrijk het denken en de logica van Sade te vatten. Daarbij erkennen zij ook de literariteit van Sades teksten.[9] De studies en opstellen van Georges Bataille en Maurice Blanchot, van Albert Camus, Jean-Paul Sartre en Simone de Beauvoir, van Maurice Nadeau en Jean Paulhan en vooral Pierre Klossowski's *Sade mon prochain* worden door Walravens, die steeds een voorkeur aan de dag heeft gelegd voor auteurs die zich bewegen op de grens tussen een literair en een filosofisch discours, grondig gevolgd, verwerkt en ingezet in een eigenzinnige constructie. In navolging van zijn Franse voorgangers schuift Walravens Sade naar voren als een visionair en een icoon van de moderniteit. Walravens importeert Sades oeuvre in het Vlaamse literaire systeem omdat hij in Sade een toetssteen ziet voor zijn project: een literatuur ontwerpen die het kwaad in de mens aan bod laat komen. In zijn analyse van de betekenis van Sade voor de actualiteit van de jaren vijftig legt Walravens een drietal accenten: hij geeft betekenis aan het begrip 'morgen', hij bespreekt de functie die literatuur voor Sade vervult en hij wijst de absolute positie die het kwaad in het Sadeaanse systeem inneemt, ondubbelzinnig af.

De 'morgen' van Sade

Het concept 'morgen' krijgt aan de hand van Sade een zeer specifieke invulling. Walravens begint zijn essay met de vaststelling dat Sade een tweede, psychologische geboorte doormaakt in 1789. De Franse Revolutie maakt met de instelling van het humaniteitsideaal van vrijheid, broederschap en gelijkheid een nieuwe ideologische morgen voor Frankrijk mogelijk. Sades nieuwe levensgevoel, dat Walravens afleidt uit een brief van Sade aan zijn advocaat Reinaud, wordt door een dualiteit gestructureerd:

> Hij zegt het in de vlakke, passieloze stijl van die tijd, maar het grondgevoel van een nieuw leven is niettemin aanwezig. En dat gevoel heeft twee duidelijke aspecten: enerzijds het bewustzijn van de totale vernieuwing in zich en de hoop die daarmee gepaard gaat; anderzijds het nog helemaal niet aangetaste voorgevoel dat de overwinning in het bereik is, al bijna gerealiseerd werd. Het gevoel, dat hem overmant, houdt terzelfdertijd morgen en avond in zich. (Walravens 1952a:34)

Het evenement van de Revolutie betekent voor Sade een overweldigende ervaring omdat hij „in de morgen zowel zijn verleden als zijn toekomst meent te *kennen*"

(Walravens 1952a:35). In deze constructie van Walravens verschijnt de 'morgen' aan Sade als een tijdloos concept waarin alles samenvalt en waarin zijn verlangens eindelijk realiseerbaar en volledig kenbaar zijn. Uit deze formulering blijkt ook meteen de reserve van Walravens. Sade meent in de 'morgen' de overwinning al te smaken; dat is de illusie die Sade drijft en waarvan Walravens afstand zal nemen: „Het is geestdrift *naar* een voorvoelde voldoening *over* iets. Het gelijkt op die verheugde afreizen wanneer men reeds de vreugde van de aankomst meent te smaken" (Walravens 1952a:34).

Walravens toont namelijk aan hoe Sades waarheids- en vrijheidsverlangen stukloopt op de realiteit. De exaltatie die de Revolutie bij Sade veroorzaakt, speelt volgens Walravens op twee niveaus: op politiek-maatschappelijk en op existentieel vlak. Op de twee domeinen blijkt Sades verlangen echter telkens onrealiseerbaar. De kern van Walravens' betoog ontdoet de morgen van Sade van alle hoop en concentreert zich op de beschrijving van de mislukkingen die Sade in zijn leven ondergaat. De ontgoochelingen die dat oplevert, maken van Sade een gefragmenteerd subject. Walravens laat hem na elke mislukking immers op een symbolische wijze zelfmoord plegen.

In de psychobiografie van Walravens mislukt Sade eerst en vooral als burger. De ideologische positie van Sade komt in conflict met die van een in tirannie verzandend regime. De onmacht van de republikeinen om een volledige breuk met de godsgedachte te realiseren en de weigering om de doodstraf, die in de ogen van Sade onnatuurlijk is, want niet door hartstocht gemotiveerd, af te schaffen, openbaren het failliet van het regime. Op politiek-ideologisch vlak vermoordt Sade zichzelf door het geromanceerde pamflet *Zoloë*, met een scherpe aanval op Joséphine de Beauharnais en Bonaparte, te schrijven. Hoewel hij het boekje anoniem publiceerde, wordt Sade na een onderzoek probleemloos geïdentificeerd als auteur en definitief opgesloten.

De mislukking op ideologisch vlak is nauw verbonden met het echec op persoonlijk vlak. Walravens vertrekt van de vaststelling dat Sade „eens gehoopt heeft een authentiek en een recht man te worden, humaan en *volledig*" (Walravens 1952a:39, cursivering van mij). Hij portretteert Sade als een existentialist avant-la-lettre die op zoek gaat naar zijn waarheid en zijn vrijheid. Vanuit een existentialistisch perspectief is een verbinding van waarheid en vrijheid aan een object noodzakelijk. Het object dat Sades menselijke bestaan laat lukken of mislukken, is volgens Walravens de erotiek. De mislukking heeft ditmaal een interne en een externe oorzaak: zowel de excessieve dimensie van het erotisch verlangen als de beknottende omstandigheden waarin Sade dat verlangen heeft trachten te realiseren, zijn verantwoordelijk voor Sades fiasco. Walravens wijst immers niet alleen op het optreden van Sades schoonmoeder, Présidente de Montreuil, als straffend instrument van een maatschappij die haar conventies wil verdedigen, maar stelt Sade zelf grotendeels aansprakelijk voor de eerste dertien jaar opsluiting. Het door Sade gekoesterde en welbewust gecultiveerde erotische ideaal roept de tegenkrachten van de nieuwe Republiek haast per definitie op. Ook op het gebied van de levende erotiek faalt Sade schromelijk. De erotiek, die voor Sade aanvankelijk een spel was met een buitensporig karakter, maar later uitgroeide tot een systeem met een waarde op zich, is nooit werkelijkheid geworden. Het is een spel van zijn verbeelding gebleven, niet de som van zijn bestaan. Met de nodige minimaliseringen stelt Walravens: „Daarom is Sade geen erotieker geworden, maar een dromer gebleven" (Walravens 1952a:47).

Walravens interpreteert Sade opnieuw als iemand die zelf afstand doet van zijn leven en van zijn aspiraties als mens. Uit de confrontatie van het lucide testament, waarin Sade pleit voor een volledige uitwissing van zijn naam uit het geheugen van de mensheid, met de lofzangen op de aartsbisschop van Parijs, distilleert Walravens de zelfgekozen vernedering: „Plots *wil* hij onmenselijk zijn; of liever: buiten-menselijk, zonder menselijkheid. (...) Het kan hem niet schelen. Hij denkt: ik mag mislukt zijn als burger en als mens, het zij zo. Ik heb mezelf gewonnen op andere gebieden" (Walravens 1952a:42). De burgerlijke en de menselijke gestalte worden weggesneden, het enige fragment van Sade dat overblijft om weerstand te bieden aan de versplintering is de denker.

Literatuur en de realisatie van een verlangen

In de visie van Walravens motiveert de *décalage* tussen doen (realiteit, leven) en denken (verbeelding, idee) de mislukking van Sade. Sade kan zijn waarheids- en vrijheidsverlangen onmogelijk realiseren in de werkelijkheid. Als middel tot zelf-verwerkelijking rest hem enkel nog de literatuur. De compenserende rol die de literatuur vervult, volgt uit haar grenspositie tussen idealiteit en realiteit. De literatuur wordt voor Sade de aangewezen en enige plaats waar zijn verlangens verbeeld kunnen worden om ze een zekere realiteitswaarde toe te kennen: „En hij schrijft romans, dit zijn verbeelde avonturen, en zo doende gebruikt hij de enige mogelijkheid om zijn dromen een zekere realiteit te verlenen" (Walravens 1952a:49). Literatuur verschijnt voor Sade als de ruimte waar zijn verlangens naar vrijheid en waarheid samenvallen en bevrediging vinden omdat hij daar „in vrijheid zijn waarheid (zal) trachten te zeggen, en zijn waarheid dat is de waarheid van de mens voor wie de erotiek het centrum van het leven is" (Walravens 1952a:40-41).

Sade gebruikt de literatuur om de ethiek opnieuw te denken. Walravens' analyse van Sades ethisch ontwerp lijkt vooral ingegeven door een scherp inzicht in het esthetisch falen van Sade. Sades voornaamste mikpunten zijn het geloof in het bestaan van een persoonlijke en almachtige God en de overtuiging dat een duidelijke grens goed en kwaad van elkaar scheidt. De relativering van de ethiek die

Sade met die aanval beoogt, belet niet dat hij in termen van vervulling, voldoening en bevrediging van een verlangen blijft denken. Walravens beargumenteert de mislukking van de kunstenaar voornamelijk vanuit de structuur van het verlangen die het Sadeaanse systeem stut. Sade vestigt zijn ethiek van het kwaad op het universeel verlangen naar geluk. Dat geluk kan enkel gevonden worden in de vervulling van het verlangen en die bevrediging situeert Sade in het kwaad: „Als laatste — en tevens als zeer grote achttiendeeuwer — vestigt hij zijn moraliserende en philosoferende beschouwingen op het verlangen van ieder mens naar geluk, en toont aan, dat wat wij het geluk noemen alleen in de voldoening ligt. En deze voldoening is slechts te vinden in wat schijnheilig het kwaad geheten wordt" (Walravens 1952a:48-49).

Vanaf dat moment bevat Sades ethiek van het kwaad een esthetisch en kwantitatief probleem. Sade belandt in een eindeloos cumulatief proces omdat hij het geluk in de voldoening situeert. Elke vervulling van een verlangen maakt het verlangen naar meer kwaad wakker, het object van het verlangen blijkt zich telkens te verplaatsen. Deze graduele verglijding naar steeds destructievere daden plaatst Walravens duidelijk in reliëf in zijn uiteenzetting over Sades erotisch systeem: de negatie van de ander tot willoos object moet achtereenvolgens aangevuld worden met het zoeken naar vernederende omstandigheden, met pijn en tenslotte met de grootste misdaad: de moord. Op theologisch vlak speelt een zelfde cyclus. Het ultieme verlangen van Sade is de Godsmoord, maar tegelijkertijd blijkt die symbolische moord geen einde te stellen aan het verlangen van Sade: „Voor Sade is het kwaad immers bij definitie kwantitatief. Het is een activiteit die zich steeds vernieuwt en er eindeloos op gericht is: het genot te vinden op het leedmoment van de andere" (Walravens 1952a:50).

Sades uitgangspunten leveren Walravens op esthetisch vlak twee inzichten op. Door die oneindige cycliciteit stapelt Sades literatuur dezelfde situaties en patronen in ontzagwekkende hoeveelheden op elkaar. Op die manier ontstaat een literatuur die de lezer weliswaar schokt, maar voornamelijk mateloos verveelt: „Een kunst die gebouwd is op de hoeveelheid — het weze dan die der adjectieven, der metaphoren, der gedachten of der immorele verwikkelingen — kan niet anders dan afstompen en vermoeien, want in de kunst is het begrip hoeveelheid de precieze tegenstelling van het begrip stijl" (Walravens 1952a:50-51). In Sades literatuur prevaleert de ethiek op de esthetiek. Sade mislukt dan ook als kunstenaar omdat hij geen limiet op zijn buitenmatigheid erkent. De onmacht om te selecteren, te schrappen en te beperken maakt van Sades literaire oeuvre een dode literatuur, „de urne, waarin dat onuitputtelijk zoeken naar steeds nieuwe perversiteiten neergelegd wordt" (Walravens 1952a:50). Walravens formuleert daarom de eis van „zowel de intensiteit als het evenwicht in de buitenmatigheid" (Walravens 1952a:51). De auteur dient zijn buitensporigheid een limiet op te leggen. Die lokaliseert Walravens met

een opmerkelijke stelligheid in een inherente grens die het schrijvend subject ontdekt in de nauwe relatie die het met het eigen werk onderhoudt:

> Stijl is band — zeker niet de traditionele, verstarde en op uitgeschreven wetten gebouwde band,
> die men vaak verwart met het classicisme en die maar een academisme is — maar de band, die
> de schrijver zichzelf oplegt wanneer hij de intieme bloedslag gevoeld heeft van zijn werk. Naar
> het woord van Jean Cocteau weet de werkelijk-persoonlijke auteur, die aan geen esthetische
> dogma's meer gebonden wil zijn, precies „hoe ver hij te ver mag gaan." De stijl mag natuurlijk
> bekomen worden door een opeenstapeling van kleine, veelzeggende details, door aanvullingen
> of door een puzzle-uitbouw, maar dergelijke cubistische constructie moet nog steeds gebonden
> zijn aan de eigen ademhaling van het werk. Dit is een der zeldzame eigenschappen van de stijl,
> die men met zekerheid vaststellen kan. (Walravens 1952a:51)

Deze benadering van de mislukte kunstenaar brengt Walravens tot een tweede
vaststelling. De literatuur van Sade bevat een opeenstapeling van gestalten van het
kwaad, maar „Zij zijn het Kwaad zelve niet" (Walravens 1952a:54). Walravens ontdekt in het esthetisch falen van Sade dat het kwaad even onvatbaar is als het goed.
Het verlangen van Sade naar een ethiek van het kwaad, dat door een absoluut
rationalisme gevoed wordt, creëert uiteindelijk slechts een uitdijende keten van
gestalten die de kern voor zich uitschuiven: „In zijn volumineus werk heeft Sade
het kwaad telkens andere gedaanten verleend, het altijd weer met ongekende dra-
perijen omhangen, maar de intieme en tevens ontzettende aard ervan, heeft hij
nergens gegeven. Die kern heeft hij nooit kunnen bereiken; zeker niet in zijn sor-
died of gekluisterd leven, maar ook niet in de uitspattingen van zijn verbeelding.
Hij heeft de duidelijkheid, de rust en de nieuwe ethica van het kwaad nooit
gevonden" (Walravens 1952a:54).

De absolute positie van het kwaad

Het derde aspect van Walravens' analyse richt zich uitdrukkelijk op de absolute
positie die het kwaad bij Sade inneemt. De negatie van het goede, de ander en de
absolute Ander leidt tot een nieuwe godheid:

> Maar is dat begrip van het kwaad zelf geen tegenglans van een volledige goedheid? Wat vindt
> men, daar waar men het kwaad *niet* vindt? Goedheid en deugd? Maar zelfs de goedheid en de
> deugd zijn volgens Sade bedorven en bijgevolg slecht. Dus is het kwaad overal en zonder tegen-
> partij? Wordt het dan geen nieuwe godheid? Inderdaad, men heeft de indruk, dat Sade in som-
> mige van zijn teksten het kwaad opnieuw binnensmokkelt, maar dan met een Mephistofelespak
> om. God is niet dood, hij is slechts Satan geworden. Of Satan is God geworden, de unieke. De
> toestand is er niet duidelijker om. Want wat *is* deze nieuwe godheid die het kwaad is? Kan daar-
> van een definitie gegeven worden? Zal deze definitie (of leer) de mensen de klaarheid brengen,
> waarop een nieuwe ethica gevestigd kan worden en die eindelijk het domein van het geluk vol-
> ledig opent? In andere woorden, is er een neo-humanisme te bouwen op het begrip van het
> kwaad? (Walravens 1952a:53-54)

Walravens herkent een grensoverschrijding in Sades verabsolutering van het kwaad.
Hij vraagt zich, in navolging overigens van Paulhan, af of Sade zich nu verzet

tegen of genot vindt in de implicaties van zijn ethiek. Met andere woorden, is Sade Justine en slachtoffer of identificeert hij zich met Juliette en de rol van beul? Walravens' antwoord is revelerend voor zijn eigen reserve. In zijn ogen is Sade tot en met *Justine* een slachtoffer dat onrechtvaardigheid aan de kaak stelt, vanaf *Juliette* „schijnt hij te bezwijken voor zijn eigen pessimistische levensbeschouwing en aldus het eerste slachtoffer te worden van zijn geloof in de alleenheerschappij van het kwaad. Hij gaat naar de overzijde, hij schaart zich — steeds in verbeelding — bij degenen die uitbuiten, genieten en gelukkig zijn" (Walravens 1952a:49).

Wat Walravens waarschijnlijk nog het meest fascineert in Sade is dat de keuze voor een éénduidige positie geen oplossing biedt. Het speciale, „geëxaspereerde" karakter van Sades atheïsme vindt precies zijn oorsprong in het absoluut stellen van het kwaad. De negatie van God die daarmee geïntendeerd wordt, bevestigt tegelijkertijd telkens opnieuw het bestaan van de Godsidee. De verhouding van Sade tot God verschuift daardoor naar een permanente strijd die nooit zijn beslag krijgt en de essentie van Sades persoonlijkheid wordt:

> Het atheïsme van Sade is anders. Het mist alle rust en alle zelfzekerheid. Hoewel Sade een oneindig aantal bewijzen tegen het Godsbestaan heeft opgestapeld, heeft hij toch op geen enkel ogenblik definitief afscheid genomen van de Godsidee. Hij is het steeds blijven behameren, zoals een moordenaar die meent dat zijn slachtoffer nog de genadeslag niet ontving en er verder op los slaat. Dat heeft Sade heel zijn leven door gedaan, alsof hij voor geen dode of geen afwezige stond, maar voor iemand die nog in doodstrijd verkeerde. (Walravens 1952a:56)

Deze houding staat in schril contrast met het „ware" atheïsme, dat Walravens karakteriseert als een mengeling van hedonisme en stoïcijnse evenwichtigheid. De ware atheïst laat God definitief links liggen en kiest voor de mens. Zijn bekommernis is uitsluitend gericht op het zoeken naar de wijze waarop hij zijn geluk kan laten duren en de onvermijdelijke smart draaglijk kan maken. Inherent aan deze rustpositie is echter de verwijdering van „al wat tot de categorie van het buitenmatige, het buitensporige of het transcendentale behoort" (Walravens 1952a:55). Deze analyse openbaart de fundamentele tweespalt bij Walravens. Hij zoekt naar een rustgevende tussenpositie die zich ergens tussen het ware en het geëxaspereerde atheïsme situeert. Vanuit het besef van het uiteindelijke failliet van alle waarden cultiveert Walravens een blijvend verlangen naar een transcendentale dimensie. Daarnaast weigert hij de monsterlijke, destructieve of buitensporige dimensies van het menselijk verlangen te ontkennen. De rustpositie schuilt veeleer in het evenwicht tussen de twee polen, dat in een voortdurende strijd moet worden veroverd en weer prijsgegeven.

De afwijzing van de absolute positie die het kwaad in het Sadeaanse systeem inneemt, veroorzaakt binnen Walravens' tekst overigens een nieuwe paradox. Enerzijds beschouwt Walravens de denker als de enige gestalte van Sade die slaagt, anderzijds neemt hij in de analyse van het Sadeaanse systeem duidelijk afstand van de denker door hem te ontmaskeren als iemand die in de negatie het apriori van het kwaad absoluut stelt. Het authenticiteitscriterium dat Walravens hanteert, bevat wellicht een verklaring voor die paradoxale beweringen. In zijn denken heeft Sade zijn authenticiteit, geformuleerd als een consequent vasthouden aan en doortrekken van de zelfgekozen uitgangspunten, bewaard. Ook al levert die houding resultaten op die Walravens verwerpt, hij herkent de authentieke houding ook in de volharding waarmee de denker Sade zich over zijn mislukkingen heen zet. Vanuit die bewondering laat Walravens zijn analyse omslaan. Precies daar waar Sade mislukt, slaagt hij ook: „En toch is hij nog niet verslagen. Weer rijst hij op. Hij schijnt wel onuitputtelijk, want in elke taak, die hij zichzelf oplegt, schijnt hij slechts te falen om zich aan een andere opdracht te kunnen geven. Al de woningen waaraan hij gebouwd heeft, zijn ruïnes geworden, maar was het hem ooit ernstig te doen om die diverse idealen?" (Walravens 1952a:52). De kern van Sade verschuift dan ook van de symbolische Godsmoord, die Walravens als mislukt beschouwt, naar een algemener verlangen: „Hij heeft het wel geweten, telkens wanneer hij mislukte op een gebied dat hij nochtans zelf verkozen had: achter al die activiteiten zocht hij slechts één resultaat: de morgen waarin de mens, eindelijk, God gedood heeft en dus volledig mens kan worden" (Walravens 1952a:54-55). De volledige menswording is de droom waar de metafoor van de morgen gestalte aan geeft.[10]

De 'morgen' van Jan Walravens

Slagen in de mislukking is de paradoxale grondhouding die Walravens transponeert naar de twintigste eeuw en de experimentele literatuur. Is de Franse Revolutie de betekenaar die het verlangen van Sade instelt, de *signifiant* die het verlangen van Walravens inaugureert is de Tweede Wereldoorlog, die met haar gesystematiseerde vernietigingsdrift de mens in een metafysisch klimaat geworpen heeft dat door een profetische Sade geschreven lijkt: „Het is een klimaat dat omschept tot personages van Sade: slachtoffer of beul, maar ieder ogenblik bedreigd door de algemene vernietiging" (Walravens 1952a:57). De Tweede Wereldoorlog ontkrachtte het bestaan van elk centrum en maakte (de dreiging van) de versplintering van het subject totaal. Sades werk getuigt van dat bewustzijn, dat samengevat kan worden in het aforisme: „wij zijn er ons nu van bewust, dat wij vallen" (Walravens 1952a:59). Dit door Sade gesymboliseerde klimaat, dat geen enkele zekerheid laat bestaan op het gebied van vertrouwen, geloof en waarheid, stelt het verlangen naar een ethisch fundament in dat bij Walravens gestalte krijgt in het beeld van de 'morgen'. Het project van Sade, de oprichting van een nieuwe godheid, is ook dat van Walravens: „Omdat de Westerse beschaving sedert zijn tijd de lijn heeft gevolgd die wij het kwaad noemen — die van de verdeling en van de ontkenning; omdat zij er niet beter dan Sade in geslaagd is een nieuwe godheid op te richten (ik bedoel: een nieuwe waarheid, een nieuw geloof) daarom is zijn werk

zulke ontzettende projectie van onze catastrophe" (Walravens 1952a:58). De
manier waarop Walravens aan de hand van Sade de mislukking inschrijft in 'de
morgen', laat vermoeden dat zijn verlangen naar ethiek de vorm van een ethiek
van het verlangen aanneemt.

De inscriptie maakt van de 'morgen' immers een ambigue metafoor in het œuvre
van Walravens. Zij functioneert binnen Walravens' literatuuropvatting niet alleen
als een absoluut eindpunt dat de ethische dimensie van de experimentele poëzie
een richting geeft. De rijkelijke vaagheid die deze term als eindterm blijft behouden,
maakt er een haast imaginair object van dat het verlangen tot stilstand moet brengen.
Tegelijkertijd wordt het absoluut karakter van deze eindterm geproblematiseerd
door de mislukking in 'de morgen' in te schrijven. De metafoor stelt het rustgevend ethisch fundament wel aanwezig, maar bevraagt tegelijkertijd de bereikbaar-
heid ervan. De 'morgen' is met andere woorden een onbereikbaar zingevend centrum waarvan het wezen of de kern slechts benaderd kan worden, niet gekend.
Het is overigens opvallend hoe Walravens het beeld van de 'morgen' in zijn essays
nooit tracht te concretiseren, maar altijd volstaat met een opsomming van een
aantal voortdurend terugkerende abstracta. De paradoxale invulling van het beeld
van de 'morgen' stelt het slagen en het mislukken tegelijk aanwezig zonder de twee
dimensies éénduidig op te lossen. Deze ambiguïteit openbaart de ethische dimensie van Walravens' project. Zowel de volledige menswording als de experimentele
poëzie worden daardoor tot onmogelijke projecten verklaard die weliswaar telkens
opnieuw ondernomen moeten worden.

Een dergelijke interpretatie van de 'morgen' werpt ook een ander licht op de
poëzieopvatting van Walravens. Zijn verlangen naar een ethisch fundament neemt
de vorm aan van een vraag aan de experimentele poëzie: „Waar is de eerste morgen?" Die vraag maakt van de gebloemleesde gedichten een antwoord. De experimentele poëzie is niet alleen de plaats waar de ambiguïteit van het verlangen verbeeld wordt, maar ook een ambigue ruimte die een grenspositie inneemt tussen
idealiteit en realiteit. Die positie maakt hen tot ideale plaatsvervangers van een
ethisch fundament. Walravens situeert de ethische dimensie van de experimentele
poëzie voornamelijk in een dubbelzinnige inhoudelijke zin:

> Deze zin is, menen wij, tweevoudig. En in zijn twee aspecten is hij ongewoon en neigt hij naar
> het paroxysme. Het eerste aspect van de moderne poëzie, wanneer men haar ondervraagt naar
> de inhoud, zouden wij willen bepalen door de term: verwarring. Het tweede aspect zouden wij
> daarentegen omschrijven als een groot verlangen naar zuiverheid. Het eerste aspect staat in het
> teken van de moderne mens, het tweede in dat van het Absolute. (Walravens 1950:313)

Poëzie als verlangen

Poëzie als autonome poëzie wordt getekend door haar drang naar het Absolute. In
dat streven bevat de experimentele poëzie een totaliserende tendens en neemt zij

de rol van een waarheidsspreken of mythisch spreken over. Niet alleen tracht zij alles opnieuw te zeggen en door middel van het beeld naast elkaar te plaatsen, zij tracht ook een definitief en volkomen eindpunt te bereiken. In die zin is haar streven een poging om de verloren heelheid van de mens op te heffen door middel van het paradoxale beeld. Dat slaagt er immers in om de gelaagdheid en de interne contradicties van mens en wereld, van waarheid en leugen, van rede en irrationaliteit, van goed en kwaad, van het zegbare en het onzegbare in hun complexiteit te verbeelden.

Tegelijk wordt dat streven in Walravens' teksten in hoge mate als een onmogelijk tot een goed eind te brengen opgave verbeeld. Walravens beschrijft dat poëtische streven steeds in de eerste plaats in haar historiciteit. Vanaf de Duitse Romantici, met Hölderlin en Novalis als de twee grote referentiepunten, hebben dichters telkens opnieuw de zoektocht naar een dergelijk rustpunt aangevat:

> De wereld terugdrijven naar zijn begin (of voortzetten naar zijn uiteindelijke pureté), de mensen eindelijk vastleggen in hun ultieme waarachtigheid, het Boek brengen dat alles zou sluiten omdat daardoor alles in de rust en de eenheid zou kunnen beginnen, het is de droom geweest van Novalis en Mallarmé, zoals het thans de droom is van Maurice Blanchot en Lucebert. Het Paradijs schittert deze dichters voor de ogen, ook wanneer zij weten dat de moderne mens nog diep verdwaald zit in het land Nod, dat ten oosten van Eden ligt. (Walravens 1955:19)

Walravens gebruikt hier niet toevallig het idioom van de psychoanalyse en van de bijbel. Hij ontmaskert het dichterlijk project daarmee ten dele als een imaginair streven naar een oorspronkelijke, maar onachterhaalbare eenheid dat eigen is aan de mens. De omschrijving van de dichter als „een wroeging, een angst en een verlangen" (Walravens 1952b:563) laat doorschemeren dat de erkenning van het verlangen naar de eerste morgen belangrijker is dan het bereiken van die heelheid.

Ook uit Walravens' dubbelzinnige houding tegenover de stilte blijkt de onmogelijkheid van een definitief en rustgevend eindpunt. Het streven naar de absolute volkomenheid zou de poëzie in de buurt van de stilte brengen. Wanneer dat volstrekte eindpunt binnen het bereik van de poëzie komt, hoeft er immers niets meer gezegd te worden: „Alles opnieuw beginnen... om alles te voltooien. Alles opnieuw zeggen, om nadien niets meer te moeten zeggen; om nadien volledig te versmelten met de stilte, die nu reeds de voornaamste bondgenoot is" (Walravens 1950:318). De stilte is eerst en vooral een bondgenoot van de experimentele poëzie omdat zij de achtergrond vormt waartegen het gedicht zich afspeelt. In de 'Phenomenologie van de moderne poëzie' formuleert Walravens haar functie als volgt: „De lezer heeft immers de indruk, dat er geen verband bestaat onder de woorden en ziet, dat zij telkenmale gescheiden zijn door één seconde... niets. Dat niets is de stilte. En met een paradox zouden wij willen schrijven, dat het ganse gedicht weerklinkt op die „geluidsachtergrond van de stilte". (...) De stilte is bijgevolg een der grootste factoren van het gedicht: de stilte, het niet, of de afwezigheid" (Walravens 1950:301).

Daarom zijn de moderne dichters ook ambassadeurs van de stilte. Met behulp van woorden stellen zij de stilte aanwezig.

In zijn opstel 'Ambassadeurs van de stilte' werkt Walravens die idee verder uit. De moderne dichter moet de stilte eerst bereiken, alvorens hij ze kan bestendigen in het gedicht. De stilte krijgt immers pas kwaliteit wanneer zij van de innerlijke ervaring van een ondraaglijk zwijgen overgaat naar het gedicht. In zijn essay brengt Walravens een onderscheid aan tussen de stilte van het kind, die van de filosoof, van de mysticus en van de dichter. Om de stilte te bereiken, dienen de dichters zich te ontdoen van alle vormen van kennis: „Tabula rasa. Afwezigheid en onwetendheid. Zichzelf, de anderen en het andere niet meer kennen en aan het begin gaan staan, in het gezelschap van de kinderen. Maar aan die grens van het onbeschreven blad staan ook de philosoof en de mysticus" (Walravens 1953:561). De dichter en de mysticus zijn nog het nauwst aan elkaar verwant. De typisch existentialistische gelijkschakeling van het Absolute en het Niets in de stilte opent de mystieke of sacrale dimensie van het experimentele gedicht. Het streven van de moderne dichter naar een volledige versmelting met de stilte impliceert immers een zelfverlies dat herinnert aan de mystieke extase:

> De mysticus staat veel dichter bij de poëet dan de philosoof. Hij zoekt de stilte niet te ontvluchten langs het achterpoortje van het weten, maar bewust blijft hij vastgeklemd in zijn niet-weten („la nuit du non-savoir", zegt Maurice Blanchot). (...) De extase die zich van hem meester maakt, werpt hem vooruit op zichzelf en is des te onmenselijker naarmate zij zonder tekens is. Zo wordt de mysticus opgeslorpt door het witte punt van Gods aanwezigheid. (Walravens 1952b:561)

Het onderscheid tussen de twee schuilt in de erkenning van een limiet. Daar waar de mysticus compleet opgeslorpt wordt door de stilte of het niet, dient de moderne dichter, die nochtans een volledige versmelting met de stilte nastreeft, de mens trouw te blijven en weerstand te bieden aan de verleiding van de mystiek:

> Wanneer het binnenste van de dichter omgezet is tot dreunende stilte, dan borrelt het woord op. En daarmee begint de poëzie. Dichtkunst is immers niet af te scheiden van het woord, dat er het concrete teken van is, zoals de kleuren de stof zijn waarin de schilderkunst belichaamd wordt en zoals de bouwkunst slechts werkelijk wordt door de steen. Van dat moment af is de verleiding van de mystiek bezworen (en de vervloeking van het stom-blijven, want in heel deze analyse stellen wij het postulaat voorop van de begenadigde dichter — hoeveel jaren wachten, wroeten en steunen die genade ook moge vergen — maar wat gezegd van de machteloze, die heel zijn leven in het eerste stadium van de stilte opgesloten blijft en in wie het woord nooit opstaat?), want de mysticus zwijgt. Hij gaat slechts aan het spreken wanneer de extase geweken is, en dan praat hij meer dan hij spreekt. Voor de dichter, die uiteraard gebonden is aan het woord, blijft echter het gevaar bestaan van de wijsbegeerte. Zijn woord dat ontstaat op een achtergrond van stilte, moet zwijgen blijven, naar het schone woord van Hölderlin: „Wij zijn tekens zonder betekenis." Onder geen enkel voorwendsel mag hij zijn woord rechtstreeks dienaar maken van de Idee! (Walravens 1952b:562)

Binnen Walravens' opvattingen verschijnt de stilte bijgevolg als een ambigu domein dat de dichter enerzijds moet trachten te bereiken, anderzijds dient te ontwijken.

De revolte van de experimentele poëzie richt zich immers in eerste instantie tegen het Niet van de stilte: „Daarom is het laatste woord wel: opstand. Opstand in al zijn betekenissen; tegen het oude, tegen het niet, tegen het spel, voor een nieuw vertrek van de mens. Een opstand die in 1944 begonnen is en waarvan niemand weet waar hij ons brengen zal. Hopelijk dichter bij god" (Walravens 1953: 627). De ultieme opdracht die Walravens aan de experimentele poëzie geeft, is onophoudelijk te blijven spreken, te blijven vragen naar de eerste morgen, precies omdat elk antwoord uitblijft. Elk modern gedicht is een opstand tegen de stilte die volgt op elk vragen. De vooroorlogse transcendentale waarden vormen geen antwoorden meer, politieke, religieuze en filosofische systemen zijn na de Tweede Wereldoorlog hun orakelfunctie kwijtgeraakt:

> (...) die oorlog heeft de mens plots tegenover de demon in zijn eigen hart geplaatst, heeft hem geleerd, dat het kwaad machtiger is dan ooit op aarde. Het geleidelijk godsverlies van de meesten heeft de mens tot de erkenning gebracht, dat hij alleen schuldig is aan wat hem overkomt en dat het grootse gevecht met de engel, waarvan de Bijbel spreekt, slechts een gevecht is van de mens met de mens. „God is dood" is de eerste kreet van onze tijd, en God betekent hier: het Volkomene en het Absolute, de eeuwige waarheden waarin de tijden die ons voorafgegaan zijn steeds op enigerlei wijze geloofd hebben. Met de roep van Nietzsche werd de goddeloosheid niet uitgevonden, wel de bijzondere toestand van de mens zonder geloof in transcendentale waarden, zonder geestelijke verbinding met een hogere persoon of macht, zonder leiding van buitenaf. (Walravens 1953:622)

en

> Sedert 1935 leiden alle wegen naar het niet in Europa, niet naar een voorbijgaande inzinking, niet naar het cynisme (dat is de houding van de mens, die anderen bespotten durft omdat hij zich beter acht), maar naar de wanhoop. De mens weet dat hij zijn lot in eigen handen houdt en dat noch Delphi noch Lourdes antwoorden kunnen op wat hij morgen doen moet. Athene en Rome kunnen alleen verwijzen naar waarden van gisteren, dat zijn de waarden die ons naar de chaos van vandaag gebracht hebben. Ikzelf moet het doen, en alleen... maar omdat ik geen basis, geen beginselen en geen geloof vindt, groeit mijn wanhoop. (Walravens 1953:623)

Deze paradoxale betrokkenheid op de stilte geeft nogmaals aan dat de 'morgen' veeleer betekenis krijgt als een intrinsiek onbereikbaar, maar na te streven eindpunt. De enige dimensie van het experimentele gedicht die 'af' kan zijn, is de vorm ervan.

Opmerkelijk is immers dat ook het streven naar een autonome vorm als een verlangen naar absolute zuiverheid omschreven wordt. De vormelijke zelfbeslotenheid van het gedicht kan blijkbaar meer van die gezochte heelheid en volkomenheid weergeven dan het inhoudelijke streven naar het absolute kan suggereren. In 'Opstandigheid, verrukkelijke arend' bespreekt Walravens de paradox van de moderne kunst als een noodzakelijke contradictie die de moderne dichters niet willen ontwijken of oplossen door één van de twee vereisten te laten prevaleren. Daarom ondervragen ze enerzijds het tekort van hun tijd,

> Anderzijds hebben zij zich nog veel dieper dan Paul Van Ostaijen (die wat te licht, wat te uiterlijk is) ingegraven in de specifieke kenmerken, in de eigen-heid van de poëzie. Zij hebben zulke hoge graad van zuiverheid betracht, dat die zuiverheid zelve ten slotte een zin verkregen heeft, de zin van wat de dichter als mens het meest bekommerde, verontwaardigde en exalteerde. Zo deed de gothische bouwer toen hij de spitsboog schiep: door een architectonisch probleem zijn meest logische (maar ook oorspronkelijkste) oplossing te schenken, drukte de middeleeuwse architect als het ware onbewust zijn algemene levensbeschouwing (het streven naar de hoogte die God was) met de grootste helderheid uit. Bouwer en mens liepen daar ongeweten in elkaar over. (Walravens 1953:626)

De autonome vorm sluit de aanwezigheid van een levensbeschouwing niet uit. Integendeel, omdat het streven naar autonomie de meest noodzakelijke manier is waarop poëzie reageert op problemen van haar tijd, integreert ze op een onbewuste manier een wereldbeeld. De wijze waarop Walravens hier betekenis toekent aan het streven naar autonomie, openbaart opnieuw de idee van eenheid tussen inhoud en vorm.

Ambiguïteit als ethische strategie

De voorvechter van het disharmonisch poëziemodel (waarin termen als strijd, opstand, verwarring, ontsporing, het kwaad... en het loslaten van alle gevestigde esthetische normen centraal staan) blijft vasthouden aan de eis van het evenwicht en de onverbrekelijke eenheid tussen inhoud en vorm, die voornamelijk door het (neo-)classicistisch esthetisch discours gemonopoliseerd werd. Aan die band, die hij uiteindelijk in de wisselwerking tussen auteur en werk lokaliseert, tracht Walravens in zijn poëticale geschriften een ethische waarde toe te kennen. Het evenwicht van het traditionele poëtische spreken is gericht op de verzoening van de verlangens van de lezer. De gebonden versvorm maakt van een dichter niet alleen een mathematicus, maar ook een moraliserend didacticus:

> Buiten hun blindheid voor al wat niet tot het universele behoort, valt ook de grote morele zin van de meeste dezer dichters op. Vaak — niet altijd — geven zij de indruk hun eigen verwarringen en ontsporingen zozeer te beheersen, dat zij anderen kunnen aanwijzen hoe aan hun verwarringen en ontsporingen te ontkomen. Hier duikt de publiciteitsagent en zijn slagzinnen opnieuw op, thans vergezeld door een didacticus. Inderdaad schuilt er in elk dezer dichten een mathematicus naar de vorm, dan zal men op het gebied van de inhoud vaak een didacticus aantreffen, iemand die het leven kent en die weet hoe wij handelen moeten. En die het ons zegt — rechtstreeks of onrechtstreeks — in zorgvuldigberekende woorden en goed gemeten verzen. (Walravens 1950:296)

De klassieke poëzie biedt éénduidige herkenningspunten en richtlijnen die de lezer het gezochte rustpunt aanreiken. De moderne poëzie moet geen „levenslessen op rijm" (Walravens 1953:620) bevatten, zij moet daarentegen de verwarring en de ontsporing van de hedendaagse mens verbeelden zonder meteen oplossingen te suggereren. In het heersende literaire klimaat betekent dat evenwel dat de experimentele poëzie de verwarring nog moet creëren. Geregeld constateert Walravens in zijn essays dat het merendeel van de lezers zich genesteld hebben in de rust van gerestaureerde vooroorlogse maatschappelijke, religieuze en filosofische zekerheidsvertogen: „De poëzie van het genre dat wij hier trachtten te beschrijven, zal in tijden van rust als kindergestamel of als romantisch vertoon voorkomen (dat doet ze thans ook voor mensen, die terecht of ten onrechte de rust *menen* gevonden te hebben)" (Walravens 1950:320, cursivering van mij). En:

> De mens die deze ontwikkeling tot in haar uiterste consequenties doorgevoerd heeft (*weinigen hebben dat gedaan en het overlijden van God is wel een begrip van deze tijd, maar geen algemene ervaring van alle mensen, zoals ook de wanhoop, het absurditeitsgevoelen en de opstand ver van algemeen zijn*), ontwaart geen lichtbaken meer buiten hem en vindt in zijn binnenste nog alleen de groezelige duisternissen die Freud bloot gelegd heeft. Hij leeft zonder kompas en bijgevolg is voor hem alles ontredderd wat tot hier toe door hem gemaakt werd. (Walravens 1953:622-623, cursivering van mij)

In het experimentele poëtische spreken dienen het evenwicht en de eenheid, die tenslotte in de ambiguïteit van de paradox en het beeld bereikt worden, verwarring te creëren. Het evenwicht wordt met andere woorden motor van de onrust, de twijfel en de onzekerheid. De confrontatie met het experimentele poëtische spreken moet bij de lezers resulteren in een kritische reflectie op hun denkkaders:

> Eerst komt de verwarring — en inderdaad: ligt daar het eerste gevoel niet dat ons bevangt, wanneer wij een modern gedicht lezen? Heeft zelfs de beschrijving, die wij hierboven van het hedendaagse vers gegeven hebben, ons die indruk niet geschonken (...) dat zulk gedicht ons zeker het gevoel van sereniteit en rust niet kan bezorgen, dat voor Goethe nog als het grootste streven van de artist gold? Kan een gedicht, samengesteld uit die elementen, anders inwerken op onze geest dan als een irritatie en als een „Guernica-visioen" van Picasso? Zou menig lezer de moderne poëziebundels niet terzijde gelegd hebben omdat die verwarring hem hinderde en hij ze niet begreep? (...) Stemt de lezer er in toe, deze verwarring als opzettelijk te beschouwen? Zo ja, dan zal hij zich wel afvragen wat zij betekent en waartoe zij dient. (Walravens 1950:313-314)

Het ethisch effect van het experimentele poëtische spreken bestaat dus niet alleen uit een tegemoetkoming aan het verlangen naar zuiverheid, maar ook uit een instelling van de ontregeling.

Het toegeven aan de verwarring en het verlangen naar een grote zuiverheid, die beide inherent neigen naar het paroxisme, worden door het gedicht in een paradoxaal evenwicht gehouden. Walravens realiseert echter een ethische herdefiniëring van het klassieke evenwicht tussen inhoud en vorm. Het verlangen naar heelheid en eenheid komt even tot rust in de zelfbesloten en ondoorzichtige totaliteit van het gedicht, terwijl diezelfde opaciteit ook de onrust bij de lezer moet opwekken. Het ethisch belang van de experimentele poëzie schuilt dan voor Walravens in haar ondoorgrondelijke karakter. Walravens fragmenteert het eigen discours niet uitsluitend als illustratie van de onbereikbaarheid van het wezen van de experimentele poëzie. Hij geeft daarmee ook een monolithische positie op en kiest in de plaats daarvan voor de fragmentatie om deze poëzie te benaderen. Bovendien onderkent hij het gevaar van zijn kritisch instrumentarium. Een verdere inkapseling van de experimentele poëzie in concepten en metaforen zou haar fixeren. De illusie van transparantie die deze begrippen veroorzaken, zou het door hem geëiste ethisch effect van het poëtische spreken neutraliseren.

Een strategische en fragmentaire lectuur is noodzakelijk ambivalent. Ze wordt uitgevoerd met de bedoeling fixatie tegen te gaan, maar heeft onvermijdelijk een nieuwe be- en vertekening tot gevolg. Walravens is aan eenzelfde dubbelzinnigheid gebonden wanneer hij de woorden 'meer zeggen is gevaarlijk' neerschrijft. In het gebaar waarmee Walravens de experimentele poëzie teruggeeft aan haarzelf, schuilt tevens de erkenning van de noodzaak van een analytische beweging. Uiteindelijk beoogt hij met zijn kritische programma niet minder dan wat hij aan de experimentele poëzie toeschreef, de ontvoogding van de lezer:

> Maar het is er ons hier niet om te doen een phenomenologie van het moderne gedicht te maken. En we willen ook niet zó lang en zó ver dezelfde kenmerken analyseren tot we op de essentie zelf van het nieuw poëem uitkomen. Geen phenomenologie en geen theorie der essenties, maar een bijna cubistisch naast elkander plaatsen en in elkander verwerken van zekere facetten en problemen van het moderne gedicht, dat de lezer meer door flitsen dan langs een leidraad in deze poëzie zal binnenvoeren. En dat niet eindigen zal voor een deur maar in het open veld. (Walravens 1953:618)

Noten

Ik dank H. Brems, D. de Geest, E. Spinoy en de leden van de doctoraatswerkgroep voor hun commentaar op een eerdere versie van deze tekst.

[1] Vgl. „Het is in zekere zin het afscheid van *Tijd en Mens* en tegelijk toch ook een bevestiging van de vitaliteit van de experimentele poëzie" (Brems en De Geest 1988:23) en „Op het ogenblik dus dat *Tijd en Mens* wordt stopgezet lijken de continuïteit en de verspreiding van de nieuwe poëzie gegarandeerd" (Brems en De Geest 1989:42). Joosten (1996:57) beklemtoont de indexerende functie van Walravens' bloemlezing door de innoverende functie te nuanceren: „Van die laatste soort is *Waar is de eerste morgen?* een tamelijk goed voorbeeld. Tamelijk, omdat Jan Walravens weliswaar avantgarde-poëzie bloemlas, maar de gevestigde Vlaamse letterkunde in 1955 al niet meer om *Tijd en Mens* heen kon. (...) Het boekje had zodoende ten aanzien van de inmiddels niet meer zo baanbrekende avantgarde ook al bijna een indexerende functie."

[2] Walravens paste het fragmentatieprocédé al toe in zijn essay 'Opstandigheid, verrukkelijke arend' (1953). In dit opstel gebruikt hij korte zinnetjes die in een kernachtige formulering de behandelde dichters en problemen in hun kern trachten te vatten en de tekst op willekeurig lijkende plaatsen doorsnijden. Hij creëert op die manier 'kopjes' die, in plaats van een duidelijke verdeling aan te brengen, zijn betoog telkens even onderbreken. Zo ontstaat een tekst over moderne poëzie waarin de verschillende dichters hun individualiteit toch niet verliezen. Daarnaast last hij inspringende paragrafen in die de eigen tekstconstructie van commentaar voorzien.

[3] Ik neem hier de door Walravens via interne verwijzingen aangegeven dualiteit tussen inhoud en vorm over (cf. Walravens 1955:17 en 19-20). Een opvallende paradox in het oeuvre van Walravens is dat hij in de beschrijving van de experimentele schriftuur steeds de vorm en de inhoud van elkaar tracht te scheiden, terwijl hij het beeld, als essentiële categorie, duidt als een éénheid van vorm en inhoud waarin de mens doorklinkt (cf. Walravens 1953:627).

[4] Op haar beurt wordt een gedeelte van deze inleiding dan weer hernomen in volgende teksten. Het tweede discours vormt, met een aantal minieme wijzigingen, het uitgangspunt van de tweede, vermeerderde druk van de bloemlezing (cf. Walravens 1960:5-11).

[5] Het verband tussen essay en bloemlezing via het begrip 'morgen' werd al eerder gelegd door René Gysen (1966:62), die er de bevestiging in ziet van Walravens' opvatting dat de artistieke productie de positieve tegenhanger moet zijn van de destructieve tendensen in de Westerse beschaving. Daardoor benadrukt hij enkel de positieve dimensie in de literatuuropvatting van Walravens, terwijl literatuur voor Walravens ook expliciet plaats moet inruimen voor het kwaad. Andere onderzoekers die wel belang hechten aan het essay over Sade, maar het niet relateren aan de bloemlezing, zijn De Wispelaere (1974:14), die er een afzonderlijke paragraaf aan besteedt, en Joris Note (1976:143), die het opstel over Sade in een voetnoot uitroept tot één van de belangrijkste teksten van Walravens.

[6] Joosten (1996:114) citeert in zijn bijzonder goed gedocumenteerde studie een artikel in *Tribune* waarin de naam van Sade valt. Joostens stelling dat Walravens zijn fascinatie voor Sade vanaf 1950 ontwikkelde (1996:431), moet nochtans genuanceerd worden. Uit de briefwisseling van Walravens met Hugo Claus, waarin Sade wel vaker opduikt, blijkt duidelijk dat de fascinatie voor Sade al in 1948 aanwezig is: „Nog een laatste voorstel heb ik te doen: op dit ogenblik maak ik Sade door. Al wat ik kan vinden, wordt verslonden. Voelt gij iets voor een dialoog Claus-Walravens over de 'divin marquis'? Ik zou daarin hoofdzakelijk op de metaphysische waarde (of feilen) van Sade wijzen" (Walravens 1994:15). Overigens werkt Joostens parafrase van het essay, dat hij eigenlijk minder belangrijk vindt — getuige de omschrijving van zijn eigen beweging als een „zijstap" (1996:432) — nogal homogeniserend. Vgl. „Hij verdedigt de stelling dat de beruchte markies in alle opzichten mislukt is (...)" (1996:431) met „De denker Sade, de enige die niet mislukt is, is de mensgeworden destructie en negatie (zoals Jezus-Christus de mensgeworden liefde is). Hij is de levende zelfmoord" (Walravens 1952a:58).

[7] Hilda van Assche (1970) vermeldt in haar bibliografie twee reacties van Jan Walravens op René Gysens essay *De slecht befaamde markies de Sade* (Amsterdam 1961, Heijnis). Het betreft het hier aangehaalde 'Lees de Sade' (1962) en 'De slechtbefaamde Markies de Sade', gepubliceerd in *Het Laatste Nieuws* van 18 januari 1962. Het laatstgenoemde artikel is evenwel niet terug te vinden in de bibliografie die Luc van den Briele (1976) van Walravens' teksten in *Het Laatste Nieuws* publiceerde. Of het hier gaat om het artikel 'In volle vrijheid dromen', opgenomen in *Facetten van Jan Walravens* en afgedrukt zonder bronvermelding, heb ik nog niet onderzocht. René Gysen (1966) maakt nog melding, weer zonder verdere

precisering, van een artikel van Walravens over Sade in *De spiegel van het boek* en van een voorwoord in de eerste Nederlandse vertaling van *Juliette* in 1965. Ook deze twee artikelen zijn niet opgenomen in de bibliografieën van Van den Briele.

[8] Paul de Wispelaere (1974) stelt dat Walravens slechts zijdelings aan deze studies refereert. Walravens verwijst weliswaar maar met auteursnamen naar deze studies, maar ze zijn belangrijker voor zijn beeldvorming dan algemeen wordt aangenomen. Ik ga hier echter niet dieper op Walravens' gebruik van zijn bronnenmateriaal in omdat het mij in eerste instantie te doen is om de rol die zijn Sadebeeld speelt binnen zijn literatuuropvatting. De totstandkoming van dit beeld is binnen het kader van dit artikel minder belangrijk.

[9] Een gedetailleerd overzicht van de Franse Sade-receptie tot 1970, met fragmenten uit de aangehaalde essays, vindt de geïnteresseerde lezer in de studie van Françoise Laugaa-Traut (1972). Een boeiende analyse van de receptie van Sade in Frankrijk, weliswaar vanuit een zeer specifieke probleemstelling, biedt Carolyn J. Dean (1992).

[10] Walravens zal in 1965 in het in licht gewijzigde vorm hernomen essay de idee van het slagen in de mislukking veel explicieter formuleren: „Want we zullen straks zien, dat Sade nergens anders geslaagd is dan overal waar hij mislukte..." (Leus 1965:33).

Literatuuropgave

Assche, Hilda van (1970), 'Bibliografie'. In: *Over René Gysen*. Samengesteld door de redactie van 'Komma'. 's Gravenhage/Rotterdam 1970, Nijgh & Van Ditmar, pp. 100-156.

Brems, Hugo en Dirk de Geest (1988), *'Wij bloeien maar bloeien vergeefs'. Poëzie in Vlaanderen 1945-1955*. Leuven/Amersfoort 1988, Acco.

Brems, Hugo en Dirk de Geest (1989), *'Barbaar in mijn mond'. Poëzie in Vlaanderen 1955-1965*. Leuven/Amersfoort 1989, Acco.

Briele, Luc van den (1966), 'Bibliografie van Jan Walravens'. In: *Facetten van Jan Walravens* (1966), pp. 89-113.

Briele, Luc van den (1976), 'Bibliografie van Jan Walravens' journalistiek werk in „Het Laatste Nieuws"'. In: *Van Walravens weg* (1976), pp. 238-283.

Dean, Carolyn J. (1992), *The Self and Its Pleasures. Bataille, Lacan and the History of the Decentered Subject*. Ithaca and London 1992, Cornell University Press.

Facetten van Jan Walravens (1966). Met medewerking van Jaak Brouwers, Tone Brulin, Ben Cami, Johan Daisne, Clara Haesaert, Werner Pauwels, Julia Tulkens, Marcel Wauters, Jan Cox, Frans De Bruyn, René Gysen, Staf Knop, Max Lamberty, Hugo Raes, Mathieu Rutten, Albert Bontridder en Luc. Van Den Briele, voorafgegaan door enkele teksten van Jan Walravens zelf en geïllustreerd met tientallen foto's. Bijzondere uitgave van *De Vlaamse Gids*, jg. 50, nr. 3-4, 1966.

Gysen, René (1966), 'Is niets iets niet?' In: *Facetten van Jan Walravens* (1966), pp. 57-64.

Joosten, Jos, (1993), 'Jan Walravens en de Idee. *Tijd en Mens* en de opvattingen van de Vlaamse tijdgenoten van Vijftig'. In: *Spektator*, jg. 22, nr. 2, 1993, pp. 83-99.

Joosten, Jos (1996), *Feit en tussenkomst. Geschiedenis en opvattingen van Tijd en Mens (1949-1955)*. Nijmegen 1996, Vantilt.

Laugaa-Traut, Françoise (1973), *Lectures de Sade*. Paris 1973, Armand Collin.

Leus, Herwig (1965), *Marquis de Sade: gesprek tussen een priester en een stervende en andere teksten*. Met een woord vooraf door Jan Walravens. Brugge 1965, De Galge.

Note, Joris (1976), 'Een lektuur van Jan Biorix'. In: *Van Walravens weg* (1976), pp. 129-153.

Van Walravens weg (1976). Onder redactie van Luk de Vos, met medewerking van Erik de Smedt, Jean-Marie Maes en Hedwig Speliers. Gent 1976, Restant uitgaven. Bijzondere uitgave van *Restant*, jg. 5, nr. 2-3-4, 1976.

Vree, Paul de (1956), 'Poëzie en woordspel. Kanttekening bij Walravens' „Waar is de eerste morgen?"'. In: *Het Handelsblad*, 3 januari 1956.

Walravens, Jan (1950), 'Phenomenologie van de moderne poëzie'. In: *Tijd en Mens*, jg. 2, nr. 8, november-december 1950, pp. 295-320.

Walravens, Jan (1952a), 'Mislukt in de morgen. Een essay over de betekenis van Sade'. In: *Tijd en Mens*, jg. 3, nr. 1, april 1952, pp. 33-59.

Walravens, Jan (1952b), 'Ambassadeurs van de stilte'. In: *De Vlaamse Gids*, jg. 36, nr. 9, 1952, pp. 560-564.

Walravens, Jan (1953), 'Opstandigheid, verrukkelijke arend'. In: *De Vlaamse Gids*, jg. 37, nr. 10, 1953, pp. 614-629.

Walravens, Jan (1955), '4 scherven van 1 inleiding'. In: *Waar is de eerste morgen? De jonge experimentele poëzie in Vlaanderen*. Samengesteld door Jan Walravens. Brussel 1955, Manteau, pp. 13-21.

Walravens, Jan (1960), 'Inleiding'. In: *Waar is de eerste morgen? De levende experimentele poëzie in Vlaanderen*. Samengesteld en ingeleid door Jan Walravens. Tweede vermeerderde druk. Brussel/Den Haag 1960, Manteau, pp. 5-11.

Walravens, Jan (1962), 'Lees de Sade'. In: *Lektuurgids*, jg. 9, nr. 7-8, 1962, pp. 194-195.

Walravens, Jan (1965), *Jan Biorix*. Brugge 1965, De Galge.

Walravens, Jan (1966), 'In volle vrijheid dromen'. In: *Facetten van Jan Walravens* (1966), pp. 21-24.

Walravens, Jan (1994), '„Schrijft gij die gedichten niet wat te gemakkelijk". Brieven aan Hugo Claus (1948-1955)'. Samengesteld en ingeleid door Marc Reynebeau. In: *De Vlaamse Gids*, jg. 78, nr. 2, maart-april 1994, pp. 11-37.

Wispelaere, Paul de (1974), *Jan Walravens*. Antwerpen 1974, Helios.

LITERATUUROPVATTINGEN EN DE RECEPTIE
VAN DE POËZIE VAN JOS DE HAES

Jan SCHOOLMEESTERS
K.U.Brabant

Toen uitgeverij Manteau in 1986 een tweede editie van de verzamelde gedichten van Jos de Haes op de markt bracht, luidde de flaptekst: „Met deze nieuwe uitgave (...) wordt de prachtige, vrijwel onbekende poëzie van Jos de Haes weer opnieuw onder de aandacht van de Vlaamse en Nederlandse poëzieliefhebbers gebracht." Ondanks de tautologie „weer opnieuw" en in tegenstelling tot de onverholen bedoeling ook het Nederlandse publiek te bereiken, is er van die aandacht niet bijster veel terechtgekomen. Manteau is er in elk geval waarschijnlijk nog minder in geslaagd exemplaren te slijten dan een bekend Nederlands en Vlaams antiquariaat, dat al heel snel de oplage mocht verramsjen. Het beperkte succes had ongetwijfeld inderdaad veel te maken met de mate van onbekendheid van de poëzie van Jos de Haes. Toch moet een aantal (aspirant-)kopers een poging hebben gedaan wat meer over deze onbekende dichter te weten te komen.

Daartoe gebruik makend van literaire naslagwerken en van overzichten van de naoorlogse Vlaamse poëzie, evenals van het beperkte aantal artikelen over De Haes, moeten ze zijn gestoten op een reeks clichés die ook nog midden jaren tachtig stevig aan de gedichten van De Haes was vastgeklonterd. De eerste indruk die de potentiële nieuwe lezers moeten hebben opgedaan, kan ongeveer als volgt worden gereconstrueerd.

Het gaat bij Jos de Haes om heel moeilijke gedichten, die je alleen maar kan begrijpen als je weet dat het hier om een dichter gaat met een wereldbeeld (cf. bv. Van de Perre 1982:15), zelfs met een kosmische visie, een visie waar nota bene Teilhard de Chardin mee te maken had (cf. bv. Rens 1975:passim). Jos de Haes lijkt dus wel een moeilijk en zelfs hermetisch dichter, maar dat wordt allemaal volkomen transparant als je dat wereldbeeld kunt onderkennen (cf. bv. Spillebeen 1966:passim). En de lezer moet natuurlijk beseffen — ook dan raak je uit de voeten met die vreemde beelden — dat Jos de Haes wel een traditioneel dichter was, maar dat hij ook wat met de experimentelen te maken had. De naslagwerken, overzichten en artikelen leggen daarop heel sterk de nadruk en gebruiken heel didactisch steeds weer ruimtelijke metaforen om dat toch maar goed over te brengen. Zo is Jos de Haes zijn eigen weg gegaan tussen de twee uitersten van traditioneel stelsel en experimentele poëzie (Westerlinck 1978:254), leunt hij aan bij de experimentelen (Van de Perre 1982:15), zit hij halverwege tussen traditie en experiment

(Lissens 1967:256), maar beweegt hij zich ook in de richting van de experimentelen (Brems en Zuiderent 1992:9). Tenslotte is het zelfs zo dat de klassieke en de experimentele lijn bij hem samenkomen als spoorlijnen op een kopstation (Zuiderent 1986:7).[1] En die positie van De Haes in de literair-historische ruimte is ook een goede zaak, echte, grote dichters zijn immers poëticaloos, zijn in staat boven elke literatuuropvatting uit te stijgen (Westerlinck 1978:254).

Of deze toelichtingen bij de poëzie van De Haes tot kopen of lezen van de tweede editie van de verzamelde gedichten hebben aangezet, verdient nader onderzoek. Waar het me om gaat is dat deze gemeenplaatsen nog steeds in belangijke mate het literair-historische en literair-kritische discours over De Haes constitueren en dat zij de laatste uitlopers zijn van een bepaald soort lectuur die De Haes' poëzie heeft ondergaan in de periode 1965-1975.

Van die lectuur wil ik de belangrijkste presupposities blootleggen. Ik zal dat doen aan de hand van de opstellen die Albert Westerlinck (1965b) en Willy Spillebeen (1966) midden jaren zestig aan zijn poëzie hebben gewijd.[2] Het zijn de eerste twee langere teksten over De Haes en beide teksten hebben bijzonder veel invloed gehad zowel op latere commentatoren als op de hele beeldvorming rond De Haes. In mijn analyse zal het cliché van het 'wereldbeeld' van Jos de Haes centraal staan.

Na die analyse zal ik pogen de vraag te beantwoorden of en op welke manier er circa 1985 een andere lectuur van De Haes' poëzie op de voorgrond is getreden.

Telkens zal ik ook versexterne poëticale uitspraken van De Haes zelf (De Haes 1975) bij de analyse betrekken.

Als belangrijkste concrete referentiepunten gelden de publicatie in 1954 van de bundel *Gedaanten* (De Haes 1954), het verschijnen van de bundel *Azuren holte* (De Haes 1964), de vier gedichten die De Haes nog publiceert in 1973-1974 — met daartoe behorend het ondertussen zo bekende gedicht 'Een kus in Ter Kameren' — en de uitgave van de tweede editie van de *Verzamelde gedichten* in 1986 (De Haes 1986).

Een wereldbeeld?

In 1965 publiceerde Albert Westerlinck een lang opstel over de net verschenen bundel *Azuren holte* onder de titel 'Het poëtisch wereldbeeld van Jos de Haes'. Beoordeeld vanuit de literatuuropvatting en de daaruit voortvloeiende manier van lezen van Westerlinck is het een heel intelligente en heel diepgaande analyse en interpretatie van *Azuren holte* en behoort het tot het beste dat ooit over De Haes is geschreven. Maar bij een meer afstandelijke analyse van Westerlincks tekst, een analyse waarbij je parallel vanuit een andere literatuuropvatting De Haes gaat lezen, valt op hoe reductief zijn interpretatie van *Azuren holte* is en hoe die reductie rechtstreeks uit zijn literatuuropvatting volgt.

Over de expliciete en impliciete poëtica die de criticus Westerlinck hanteert, is al een en ander geschreven, onder anderen door Hugo Brems (1985), Paul de Wispelaere (1987) en heel recent nog door Dirk de Geest (1995). Daarbij is meestal het accent gelegd op de noodzakelijk gespannen verhouding tussen zijn literatuuropvatting en de experimentele poëzie, casu quo zelfs een heel groot gedeelte van de modernistische poëzie. Karakteristiek voor die spanning is bijvoorbeeld Westerlincks lectuur van Paul van Ostaijen 'Een visie op Paul van Ostaijen', met als ondertitel 'Van het maniërisme naar een zuiverheid' (Westerlinck 1965a), waarin hij het grootste gedeelte van Van Ostaijens oeuvre als onzuiver en onwaarachtig kenmerkt en stelt dat Van Ostaijen pas in een aantal van zijn laatste gedichten tot een „existentieel-oprechte" kunst is gekomen (Westerlinck 1965a:226).[3] Even typerend is Westerlincks situering van de experimentele poëzie in een opstel uit 1963, waarvan de titel uitdagend en relativerend luidt: 'Over de 'experimentele poëzie'. Aantekeningen van een toeschouwer' (Westerlinck 1973). Hugo Brems (1985:337-338) heeft al een keer de retorische strategieën blootgelegd waarmee Westerlinck in deze 'aantekeningen' het experimentalisme tot een fundamentele en historisch zelfs niet zo originele ontsporing van de poëzie wil herleiden.

Mij gaat het er hier nu om te demonstreren wat er gebeurt als Westerlinck een bundel interpreteert en evalueert waarin hij wél zijn eigen poëtica meent terug te vinden, een bundel die voor hem wel aan zijn criteria voor belangrijke poëzie voldoet, een bundel die hem er alle aanleiding toe geeft zijn opstel te besluiten met: „Na *Azuren holte* zal Jos de Haes gewaardeerd blijven als een der beste onder de oorspronkelijke en eigentijdse dichters, die voor leven en taal belangrijk zijn" (Aerts 1978:255).

Albert Westerlincks literatuuropvatting ging uit van „een klassiek, personalistisch en humanistisch ideaal, met daarachter nog een christelijke grondslag" (Brems 1985:330). Kernwoorden zijn 'persoonlijkheid', 'harmonie' en 'evenwicht'. Het is een literatuuropvatting waarvoor geldt:

> Van een geslaagd gedicht wordt in die optiek allereerst verwacht dat het een adequate uitdrukking vormt van de persoonlijkheid van de auteur, een persoonlijkheid die wezenlijk stoelt op een evenwicht tussen vorm en inhoud, tussen geest en gevoel, tussen situatiegebonden anekdote en algemeengeldigheid, tussen individualisme en betrokkenheid op de wereld en de anderen. Complementair daarmee krijgt de lezer de indruk dat hij, via de lectuur van de poëtische tekst, een zekere toegang kan verwerven tot de gevoels- en ideeënwereld van de auteur en zo met hem in dialoog kan treden. Globaal betreft het hier, met andere woorden, een visie die duidelijk verwant is aan wat de Franse filosoof Lyotard de 'Grote Verhalen' heeft genoemd, constructies die een zinvolheid en een inzichtelijkheid garanderen doordat ze omzeggens het goede, het schone en het ware in zich verenigen. (De Geest 1995:95)

De titel van Westerlincks opstel over *Azuren holte*, 'Het poëtisch wereldbeeld van Jos de Haes', bevat een centraal strategisch concept van Westerlinck: wereldbeeld. 'Wereldbeeld' is zowel een evaluatieve als een analytische notie bij Westerlinck en zijn hele demarche, zijn concrete manier van tewerkgaan kunnen eruit worden af-geleid.

Het is allereerst de hoogste lof die hij een dichter kan toezwaaien. Had hij over de vorige bundel van De Haes, *Gedaanten*, uit 1954, nog geschreven: „De poëtische wereld van Jos de Haes blijft voorlopig nog fragmentair. Moge hij tijd en vooral kracht vinden tot het scheppen van een vollediger, totaal dichterlijk wereldbeeld" (Westerlinck 1954:632), met *Azuren holte*, zegt hij, heeft De Haes het tot „een superieur niveau" gebracht en heeft „zijn poëtische stijl zijn volle oorspronkelijk-heid (...) bereikt en zijn visie op het bestaan de ruimheid van een wereldbeeld" (Aerts 1978:229).

Confronteren we verder zijn uitspraken over *Gedaanten* en *Azuren holte*, dan treffen we een reeks opposities aan die verduidelijken wat een poëtisch wereld-beeld inhoudt. Met wereldbeeld worden verbonden: „samenhang", „ruimheid", „universaliteit", „zinrijke totaliteit". Daartegenover staan: „disparaat", „fragmen-tair", „onvoldoende algemeen-menselijk", „experiment", „minder samenhang".

Als we dan Westerlincks analyse van *Azuren holte* nader bekijken, dan blijkt het bij een poëtisch wereldbeeld uiteindelijk om drie aspecten te gaan, waarbij het eerste tevens de voorwaarde voor het tweede en het derde is. Het gaat om intelli-gibiliteit, breedte en diepte.[4]

Intelligibiliteit of inzichtelijkheid of nog zinrijkheid moeten hier worden begre-pen als intelligibel met behulp van Westerlincks analyse- en interpretatiemethode, zijnde het opsporen van voorkeurswoorden en motieven die tegen de achtergrond van de fenomenologische antropologie en de psychoanalyse samenhang vertonen. In die zin heeft 'wereldbeeld' bij Westerlinck ook een fenomenologische resonan-tie, weerklinken op de achtergrond termen als *Weltentwurf* en *Projet du monde*. Bij de belijdenislyriek van *Azuren holte* zit voor Westerlinck die intelligibiliteit in een masochistische karakterstructuur in de freudiaanse betekenis. Die structuur ziet hij als de interpretatiesleutel voor de hele bundel. Vanuit die masochistische struc-tuur meent hij ook de wat hij noemt „van het doorsnee-taalgebruik vervreemde poëtische beeld- en uitdrukkingswereld" (Aerts 1978:229-230) te kunnen duiden. Had hij met de „vreemde" beelden en associaties (Westerlinck 1954:632) in *Gedaanten* nog moeite, in *Azuren holte* slaagt hij erin die tegen een freudiaanse achtergrond te duiden en zijn ze voor hem volstrekt acceptabel. Bij die beelden gaat het volgens Westerlinck om een vorm van „moderniteit" (Aerts 1978:254), een vorm van moderniteit die hij deze keer niet afwijst, integendeel. Zo'n „eigen en vervreemde poëtische beeld- en uitdrukkingswereld", het kan voor Westerlinck blijkbaar wel, maar op voorwaarde dat ze analyseerbaar en duidbaar is, op voor-waarde dat hij er een vaste greep op krijgt.

Het tweede aspect van de notie wereldbeeld is de breedte ervan. De dichter moet volgens Westerlinck het eng-particuliere overstijgen, het desubjectiveren en verruimen. In psychoanalytische termen zou dit kunnen luiden dat er in het dichten een voldoende hoeveelheid sublimering aanwezig moet zijn, een term die Westerlinck overigens zelf niet gebruikt. Bij De Haes verloopt die verbreding tot een wereldbeeld volgens Westerlinck door een mythisch getinte symboliek en door het ontwikkelen van een kosmische visie op de mens in het oneindige heelal. Tot de ontwikkeling van deze visie zou de lectuur en de poëtische verwerking van de evolutiemystiek van Pierre Teilhard de Chardin hebben bijgedragen.

Het derde aspect van een wereldbeeld is de diepte ervan, of zo men wil de hoogte. Voor Westerlinck impliceert een wereldbeeld een vorm van transcendentie, van metafysica.[5] Daartoe gaat hij in de „getormenteerde psychische wereld" (Aerts 1978:247) van *Azuren holte* op zoek naar „momenten van authentieke christelijke religiositeit" (249) en naar het „opglanzen" van „het licht van de christelijke heilsleer" (247). Hij wijst ook op het noodlotsmotief en stelt: „In de beaming van dit noodlot blijkt immers ook de mogelijkheid van een toekomstige zin, een uiteindelijk heil besloten. In beide aspecten — noodlotsbeaming en nederige hoop — kan men een cathartische functie van deze poëzie vinden" (249).

Bij een eerste lectuur van Westerlincks interpretatie van *Azuren holte* klinkt het allemaal heel plausibel en blijkt de bundel inderdaad naadloos bij de poëtica en de daaruit volgende criteria van Westerlinck aan te sluiten. Maar bij een tweede lectuur van het opstel blijkt dat er een breuk is in zijn tekst, of, anders geformuleerd, dat er als het ware twee stemmen aanwezig zijn. Er is enerzijds de Westerlinck die met veel verve uiteenzet hoe die moeilijke beelden en verzen van De Haes in hun samenhang inzichtelijk kunnen worden gemaakt met behulp van de freudiaanse psychoanalyse. En er is de Westerlinck die veel aarzelender poogt elementen te vinden die moeten aantonen dat het particuliere van deze belijdenislyriek in een meer algemene thematiek wordt overstegen; symptomatisch hiervoor zijn termen als „bescheiden(heid)", „schroom" en „gereserveerdheid" (Aerts 1978:247) ter karakterisering van De Haes' relatie tot de „christelijke heilsleer", waarbij hij overigens de voor hem minder overtuigende aanwezigheid van een christelijke dimensie nog poogt te verklaren als bescheidenheid van de zijde van de dichter. Als je Westerlincks expliciete poëtica volgt, dan zou je tot de conclusie moeten komen dat het bij *Azuren holte* voor Westerlinck logischer zou zijn geweest hoogstens te besluiten tot aanzetten van een wereldbeeld bij De Haes. Zijn opstel heeft iets paradoxaals: het wil demonstreren dat de poëzie van De Haes de dimensies heeft van een wereldbeeld, maar de facto wordt er bij de interpretatie een sterke reductie doorgevoerd.[6]

Voor een verklaring van de tegenspraak tussen Westerlincks expliciete poëtica en de conclusies die hij ten aanzien van *Azuren holte* trekt, zou ik de volgende hypothese willen vooropstellen, een hypothese die zou kunnen worden getoetst aan andere teksten van Westerlinck. Mijns inziens is het strategische concept 'wereldbeeld' bij Westerlinck dubbelzinnig. De ene keer gaat het om het normenstelsel van de klassieke en christelijk-humanistische criticus. De andere keer gaat het om de normen van de literatuurpsycholoog die vanuit een fenomenologisch-antropologische en klassiek-freudiaanse achtergrond belijdenislyriek aftast op inzichtelijkheid en samenhang. In het geval van *Azuren holte* meent hij de psychoanalytische sleutel te hebben gevonden en is het op grond daarvan dan ook dat de bundel mag rekenen op de kwalificatie 'wereldbeeld'.

Ik ben dus van mening dat er in meer teksten van Westerlinck een spanning te vinden is tussen de klassieke criticus en de literatuurpsycholoog. Mijns inziens heeft bijvoorbeeld ook Westerlincks aversie voor de experimentele poëzie niet alleen met de levensbeschouwelijke achtergronden van zijn literatuuropvatting te maken maar minstens evenveel met de wijze waarop hij psychoanalytisch te werk ging. Zijn werkwijze beperkte zich immers tot bepaalde aspecten van de traditionele psychoanalyse. En ik vermoed dat hij, die toch gefascineerd was door bijvoorbeeld Arthur Rimbaud, geïrriteerd was door het feit dat zijn analysemethode tekortschoot bij de experimentelen, dat het hier om een poëzie ging waarop zijn instrument afschampte. Hij moet zich bij de experimentele poëzie hebben gevoeld — zo stel ik me voor — als die psychoanalytici die er niet in geloofden dat ook een psychotisch of randpsychotisch discours analyseerbaar zou kunnen zijn.

Naast Albert Westerlinck is Willy Spillebeen (1966) in sterke mate verantwoordelijk voor het cliché rond Jos de Haes dat zijn op het eerste gezicht zo moeilijke poëzie de glasheldere samenhang van een wereldbeeld vertoont. Maar Spillebeen komt op een heel andere manier tot die conclusie. Hij vertrekt namelijk van de lectuur van een extern poëticale tekst van De Haes. In die tekst, een radiocauserie uit 1965 of 1966 (maar pas gepubliceerd in 1975 (De Haes 1975)), doet De Haes allereerst uitspraken die naadloos aansluiten bij de klassieke poëtica; wat hij van het gedicht verlangt stemt bijzonder goed overeen met de omschrijving van de klassieke poëtica zoals Dirk de Geest die gaf (De Geest 1995:95, cf. supra). De Haes stelt dat:

> de poëzie geroepen is om directer en gaver dan de wijsbegeerte een inzicht te verstrekken in de eenheid van essentie en existentie, van eeuwigheid en tijd, van het volstrekte en betrekkelijke, een inzicht in de verhouding tussen stof en leven (...) (276).

Over de thematiek van zijn gedichten zegt hij dat het gaat om:

> één enkele ervaring: de tragiek van het verschijnsel mens dat leeft tussen drie vermoede maar niet klaar gekende oneindigheden, het pascaliaanse oneindig kleine, het pascaliaanse oneindig grote, en de zuiver spirituele eeuwigheid. (276)

Verder stelt hij verwijzend naar Teilhard de Chardin dat het in zijn poëzie gaat om:

> de mens (die) met gedachte en woord (...) toch een heel troebel en half afgewerkt wezen (lijkt) te zijn, zich bevindend halfweg tussen een rustig onbewustzijn en een rustgevend alweten. (276)

Het hele boekje dat Willy Spillebeen aan De Haes wijdt, zal er nu uit bestaan aan te tonen dat de hele poëzie van De Haes een illustratie is van deze uitspraken, van dit 'wereldbeeld', dat de hele poëzie van De Haes zelfs restloos tot deze uitspraken kan worden herleid. Spillebeen wil het koste wat het wil aantonen dat gedicht na gedicht dat ene wereldbeeld illustreert. Dat dat zo is, beschouwt hij als de hoogst denkbare lof. En hij schrijft: „Dat hij [De Haes] erin slaagt die wereld zozeer tot een sluitend geheel uit te bouwen, zodat men hem nergens op enige tegenstrijdigheid kan betrappen (...) getuigt voor de eerlijkheid van de dichter" (24-25). Let erop hoe 'tegenstrijdigheid' met 'oneerlijkheid' wordt verbonden. Verder poneert hij: „Inhoudelijk is De Haes' poëzie niet gewijzigd, maar verdiept. Het debuut van elk ernstig dichter bevat trouwens de tematiek, maar dan embryonaal, van zijn later werk. De mens groeit, maar verandert wezenlijk niet" (65). Een wel heel sterk voorbeeld van metafysica en essentie.

De interpretatie van Spillebeen is extreem reductief, maar ze kan niet worden bewezen noch weerlegd. Omwille van twee redenen. Ten eerste zijn de versexterne uitspraken van De Haes voldoende vaag en abstract om ze van gedicht tot gedicht telkens weer een wat andere inhoud te geven. Ten tweede voelt Spillebeen zich gemachtigd om overal tot — soms de meest wilde — symbolische lezingen over te gaan. Die machtiging meent hij in diezelfde tekst van De Haes te vinden. De Haes zegt:

> Een geslaagd beeld is, mij dunkt, minder een experiment, minder een waagstuk van de oeverloze verbeelding dan de notering van een realium dat in het geheel van het gedicht een zin krijgt, dat door de werking van het gedicht symbool wordt. (278)

De hele tekst van Spillebeen is dan ook doorspekt met uitspraken van het genre: A staat voor B, A betekent, verwijst naar, is beeld voor of is symbool voor B. Op die manier leest hij alle gedichten en alle metaforen en beelden als allegorieën voor één centraal thema. Zodra hun illustratieve functie is aangetoond, is zijn lectuur ook beëindigd en de poëzie van De Haes restloos geïnterpreteerd. Onnodig hierbij ook nog op te merken dat zelden een criticus de versexterne poëtica van een dichter zo kritiekloos bij de interpretatie van de gedichten heeft gebruikt.

Er is een groot contrast tussen de intelligente psychologische lectuur van Westerlinck en de haast mechanische pseudo-filosofische interpretatie van Spillebeen, maar het gemeenschappelijke punt is dat ze beiden op zoek gaan naar een centrale thematiek waarbinnen alle afzonderlijke gedichten en beelden moeten passen. Voor beiden moet het werk van een goede dichter uiterste samenhang vertonen. Daarenboven moet die thematiek een niveau van voldoende universaliteit bereiken. Er moet sprake zijn van een wereldbeeld, een wereldbeeld betekent volledige inzichtelijkheid en coherentie, breedte en diepte.

Een wereldbeeld aan flarden?

Deze lectuur nu heeft jarenlang de receptie van De Haes bepaald, is nog steeds in lexica en literatuurgeschiedenissen terug te vinden en wordt ook nog altijd gehanteerd door traditioneel ingestelde critici, zoals bijvoorbeeld Rudolf van de Perre (Van de Perre 1990:107-108). Het is pas medio jaren tachtig dat een andere lectuur van De Haes naar voren komt, een lectuur die met name dat wereldbeeld aan flarden wil schieten, een lectuur vanuit een literatuuropvatting die geen behoefte heeft aan een coherent wereldbeeld en die juist het uiteindelijke ontbreken daarvan als een teken van leesbaarheid beschouwt.

De eerste die zeer duidelijk in deze richting ging, was Huub Beurskens. In 1986 publiceert hij een interpretatie van 'Een kus in Ter Kameren', een van de vier gedichten die De Haes nog heeft gepubliceerd na *Azuren holte*. Dat gedicht heeft als opvallendste eigenschap dat de eerste drie strofen en de laatste, de vijfde strofe eindigen op een onvoltooide zin zonder afsluitend leesteken, een uniek iets in de poëzie van De Haes.

Net als Spillebeen vertrekt Beurskens vanuit De Haes' lezing 'Over eigen gedichten' (De Haes 1975), maar hij keert de zaak om. De eerste passage waarop Spillebeen zijn lectuur liet steunen luidt in z'n geheel immers als volgt:

> En waar de poëzie geroepen is om directer en gaver dan de wijsbegeerte een inzicht te verstrekken in de eenheid van essentie en existentie, van eeuwigheid en tijd, van het volstrekte en betrekkelijke, een inzicht in de verhouding tussen stof en leven, daar zie ik mijn gedicht telkens verduisteren en verworden tot een uiteenvallend agglomeraat van beelden die eerder dan inzicht te brengen, stuiptrekkingen zijn rond het mysterie. Het vers wordt te uitsluitend getuigschrift van een spanning en te weinig verhelderende notitie van een inzicht. (276)

Beurskens vindt het nu juist een goede zaak dat het œuvre van De Haes of in elk geval 'Een kus in Ter Kameren' niet voldoet aan de versexterne criteria van De Haes, maar inderdaad „stuiptrekking” en „spanning” is en vooral blijft. Tegenover het gedicht als „slotsom” stelt hij het gedicht als „beweging” (363) en hanteert hij de als positief bedoelde noties „breuk” en „rand” (364), en spreekt hij, evenzeer in positieve zin, over de vragen die het gedicht oproept als vragen die onbeantwoord blijven.

Met Huub Beurskens is het de eerste keer dat een zo radicaal andere lectuur van De Haes wordt voorgesteld. Een lectuur die paradigmatisch is voor een literatuuropvatting waarin onherleidbaarheid, contradictie en onbeslisbaarheid de boventoon voeren.[7]

Een jaar na Beurskens, in 1987, na het verschijnen van de tweede editie van de *Verzamelde gedichten* (De Haes 1986), schrijft Hugo Brems dat:

> de poëzie van De Haes voor schrijvers en lezers van nu de status heeft gekregen van een referentiepunt. Over alle experimentele en neo-realistische ontwikkelingen heen, heeft zij standgehouden.

De fluctuaties van de literatuurgeschiedenis hebben ervoor gezorgd dat dit werk, met zijn spanning tussen klassiek en modern, tussen vormvastheid en gebrokenheid, met zijn bewuste cultuurhistorische verwijzingen, weer is komen bovendrijven. Méér dan bij voorbeeld Claus,
Snoek of zelfs Pernath staat De Haes model voor wat jongere dichters van poëzie verwachten.
(Brems 1987:55)

En in 1993 schrijft hij dat Jos de Haes „niet minder dan een cultfiguur (is) geworden" (Brems 1993:393). Men lette er — terloops — op hoe hier niet langer het
cliché wordt gebruikt van De Haes' poëzie als 'verbindingspunt' tussen traditie en
experiment, maar hoe er nu sprake is van „spanning" tussen klassiek en modern.

Er is een probleem bij die uitspraken van Brems. Is De Haes de afgelopen tien
jaar inderdaad een „cultfiguur" geworden of kan er alleen worden gesproken van
een 'cultgedicht', namelijk 'Een kus in Ter Kameren', dat voortdurend wordt
gebloemleesd, waarnaar vaak wordt verwezen en dat een aantal dichters rechtstreeks heeft geïnspireerd?[8] Of is er sprake van een mysterie-cultus, waarbij de aanhangers hun namen niet bekend mogen maken en waarbij het mysterie buiten de
kring van de ingewijden niet mag worden onthuld, en zeker niet op schrift mag
worden gesteld? Ik bedoel hiermee dat er toch maar weinig getuigenissen van die
belangstelling van jongere dichters, laat staan van jongere critici, aan te treffen
zijn.

Daarom een klein overzicht van wat ik heb aangetroffen en vooral ook niet
aangetroffen. Een langere tekst over De Haes in de trant van en uit vergelijkbare
hoek als die van Beurskens is er niet. Toen het tijdschrift *Yang* in 1987 een De
Haes-nummer uitgaf, vond de redactie nauwelijks beschikbare of in elk geval
bereidwillige scribenten. Toen datzelfde *Yang* voor 1993 een symposium over De
Haes plande, ging dat niet door bij gebrek aan sprekers. Wel is er het prachtige
bibliofiele bundeltje uit 1988 van Huub Beurskens en Stefan Hertmans met als
uitgangspunt 'Een kus in Ter Kameren' en waarin tussen de gedichten, in zeefdruk
op transparante vellen, fragmenten uit het handschrift van 'Een kus' zijn opgenomen. Ook is er opnieuw Beurskens die in *Mekka, jaarboek voor lezers 1994* (Mekka
1994) datzelfde gedicht op nummer één plaatst in zijn persoonlijke toptien, en die
zijn lofzang op De Haes' poëzie nog eens in een interview overdoet (Vervoort
1994). Ook Benno Barnard heeft zich laten inspireren door 'Een kus in Ter Kameren' in het gedicht 'Een kus in Brussel' (Barnard 1989). En Wilfried Adams heeft
een gedicht gepubliceerd 'Jos de Haes indachtig' (Adams 1987a). En hij heeft zich
in een interview (Pay 1989) heel lovend over De Haes uitgelaten, maar een langere
tekst over De Haes die hij in het vooruitzicht stelde (Adams 1987b), is er nooit
gekomen. Ook een klein aantal duidelijk mindere goden heeft wel eens een
gedicht aan de poëzie van De Haes gewijd. En verder heeft Leonard Nolens
(Nolens 1990) zich heel positief over De Haes uitgesproken, evenals Joris Note
(Note 1986:48).

Maar toch vind ik dat allemaal een beetje weinig om Brems ten volle gelijk te geven. Vergeten we ook niet dat nog in 1987 het essay uit 1966 van Spillebeen zonder fundamentele wijzigingen werd herdrukt. Maar misschien haalt Brems op een andere manier toch zijn gelijk.

Ten eerste is het misschien typerend voor het hedendaagse poëticale klimaat dat men aan een cultfiguur gedichten gaat wijden en geen essays. Ten tweede tref ik in uiteenlopende kritische bijdragen toch elementen aan die hem gelijk kunnen geven. Ik vermeld bijvoorbeeld Ad Zuiderent, die er in zijn inleiding op de *Verzamelde gedichten* op wees dat De Haes misschien toch niet zo'n eschatologisch optimist als Teilhard de Chardin was, met andere woorden dat De Haes en Teilhard toch niet zo probleemloos bij elkaar aansloten (Zuiderent 1986:10).[9] Ik vermeld ook hoe in 1994 De Haes' gedicht 'Genealogie' — dat heel dikwijls louter of toch op de eerste plaats als een landschapsgedicht wordt gepresenteerd — plotseling door Dirk de Schutter geconfronteerd werd met het genealogie-begrip van Nietzsche (De Schutter 1994).

Tenslotte moet ik naar een aantal van mijn eigen teksten over De Haes verwijzen. In mijn eerste tekst in 1980 (Schoolmeesters 1980b) was ik nog sterk beïnvloed door die wereldbeeld-constructie en de daarmee samenhangende literatuuropvatting en lectuurstrategie. Maar langzaamaan ben ik enigszins geëvolueerd naar een lectuur die juist de barsten en breuken en contradicties meer naar voren wil schuiven. Bijvoorbeeld de sterke spanning tussen de discursiviteit van De Haes' gedichten en de talloze metaforen die semantisch heel andere kanten uitschieten (Schoolmeesters 1980a:272 en 1992a:7). Of het disparate van de intertekstuele verwijzingen, dat elke poging tot de reconstructie van een finale metafysica onmogelijk maakt (Schoolmeesters 1992a:6). En ik kan me ook een lectuur van De Haes voorstellen, zeker vanuit zijn allerlaatste gedicht, het zelden genoemde 'Zonsondergang III', waarbij noties als ironie, parodie en pastiche wel eens voorop zouden kunnen staan (Schoolmeesters 1992a:8).[10] Noties aan de antipode van een geordende wereld.

Van de vier 'Laatste gedichten' van Jos de Haes is 'Zonsondergang III' (De Haes 1986:147) het meest intrigerende:

> Een dwergvleermuis vlerkt zuinig
> langs de stal,
> de kleine netel bij de beerput
> maakt nu haar suiker met de lucht,
> en aan de waslijn hangt kamille
> met munt, met linde thee te worden.
> Wie over Hellas vliegt naar Israël,
> tienduizend hoog en in de zon,
> ziet bruin Euboia nog van Attika gescheiden.

Hiernumaals,
hiernumaals op het makadam
tikken twee dunne vrouwenhakken
als in de kalk van schouderbladskelet.
Waar ergens vreet de bidsprinkhaanse
nu de kop leeg
van haar zaadlozende haan,
of stoot een diepzeeslak
haar oude ingewanden af voor nieuwe?

Terwijl de fokram van 't kanton
twee lange weiden verder
tegen 't portier beukt van een autowrak,
en alle knagers uit hun holen kruipen,
pelzig, glanzend, warm en kogelrond,
hiernumaals dan
zijn alle vallen gezet,
heeft elke vrouw haar man vermoord,
zal eer het nacht wordt
mijn bloed veranderen,
en weet ik nog vandaag
wie ik niet ben geweest
hoewel bekend, bij lucht,
bij water, vuur en donkerte bekend.

Januari 1974

Van de vier 'Laatste gedichten' is het het enige — en ook het enige in het hele oeuvre van De Haes — waarin een vaste strofenindeling en een vaste versvorm volledig worden opgegeven. Er is het op het eerste gezicht zeer bruuske contrast tussen de eerste en de tweede zin van de eerste strofe. Er is het uitdagende — zij het wat te gemakkelijke — woordspel met „hiernumaals". Er zijn de sterk intrigerende slotverzen met het heel dubbelzinnige „bekend". Opvallend sterker dan in de vroegere gedichten van De Haes is de expliciete aanwezigheid van de 'moderne' beschaving: „waslijn, vliegt, makadam, kanton, autowrak".

Maar het meest opvallende is de extreem sterke aanwezigheid van het motief van de seksueel geperverteerde man-vrouw-relatie. In vergelijking met vroegere gedichten is er niet alleen een veel sterkere kwantitatieve aanwezigheid van dit thema, maar in vergelijking met vroeger wordt het ook veel onverhulder geformuleerd. Het fetisjisme, de fallische vrouw, het extreme sadomasochisme, de mannelijke onmacht, het seksueel dimorfisme, de uitvergroting van een dodende vrouwelijkheid, al deze motieven zijn uit de vroegere poëzie van De Haes bekend en kregen hun voorlopig hoogtepunt in de afdeling 'La Noue' van *Azuren holte*. Maar waren ze daar in sterkere mate metaforisch verhuld en veel meer vermengd met andere thema's, in 'Zonsondergang III' is er de opeenstapeling van „vrouwenhakken, bidsprinkhaanse, zaadlozende haan, diepzeeslak, fokram" en is er de onverholen, niet-metaforische veralgemening „heeft elke vrouw haar man vermoord". Er is in 'Zonsondergang III' een expliciterende en hyperboliserende herhaling van vroegere motieven die zo opvallend sterk is dat er een pasticherend en parodiërend effect optreedt. Dat effect wordt nog versterkt doordat het aandikken van het seksuele thema parallel loopt met het onderdrukken van het zo karakteristieke thema van het 'licht'. In tegenstelling tot zoveel vroegere gedichten is er in de slotverzen niet langer expliciet van dat 'licht' sprake, maar wordt het slechts via parafrasering, door het opsommen van de vier andere elementen, allusief aanwezig gesteld. Tenslotte steekt de ironie, die aan de grondslag ligt van parodie en pastiche, in 'Zonsondergang III' veel sterker dan in enig vroeger gedicht ook expliciet de kop op, bijvoorbeeld in het woordspel van „hiernumaals", in de morfologische vervrouwelijking van „bidsprinkhaanse" en in de zelfspot van „fokram van 't kanton".

Een chiasme

De receptie van De Haes is een voorbeeld van de chiastische beweging die een poëzie onder invloed van veranderende literatuuropvattingen en lectuurstrategieën kan ondergaan. Eerst wordt een als moeilijk, ja haast als hermetisch ervaren poëzie inzichtelijk gemaakt door op zoek te gaan naar een verklarende synthese. Daarna wordt dat synthetische beeld — dat zich ondertussen steeds meer als een hinderlijk scherm voor de teksten heeft geplaatst — onderuit gehaald door te accentueren wat in die synthetiserende benaderingen noodzakelijk opzij was geschoven.

Noten

[1] De meest gebalde en diepzinnigste karakterisering van De Haes' verhouding tot de experimentelen is ongetwijfeld nog steeds: „Hij hanteerde een wat cryptisch taalgebruik, hetgeen hem tot een overgangsfiguur naar de werkelijk experimentelen maakte" (Moerman 1984:92).

[2] Van beide teksten verschenen later gewijzigde versies (Aerts 1978 en Spillebeen 1987). Er is evenwel geen sprake van fundamentele verschillen. Bij Westerlinck/Aerts is het belangrijkste verschil dat hij in de versie van 1978 het psychoanalytisch getinte uitgangspunt van zijn lectuur sterker expliciteert. Daarom zal ik van de tweede versie gebruik maken. Bij Spillebeen is de tweede versie een enigszins verkorte, die wordt aangevuld met wat algemene beschouwingen over de receptie van De Haes na 1966 en met een kort commentaar op de vier gedichten die er nog verschenen na *Azuren holte*, in 1973-1974.

[3] Cf. het overzicht van de receptie van Van Ostaijen in Spinoy (1992:155).

[4] Afwezigheid van (voldoende, casu quo een bepaalde soort) intelligibiliteit is een leidmotief bij Westerlincks commentaar op de experimentele poëzie (Westerlinck 1973). Die afwezigheid irriteert hem hogelijk en staat voor hem elke verdere toegang tot deze poëzie in de weg.

[5] Dergelijke en verwante begrippen komen in het hele werk van Albert Westerlinck nogal veelvuldig voor en naar ik vermoed in soms van context tot context nogal verglijdende betekenissen. Een onderzoek daarnaar valt buiten de bedoelingen van dit artikel, maar loont zeker de moeite bij een analyse van de strategische constituanten van zijn hele literair-theoretische en literair-kritische discours.

[6] Het gaat me hier niet om het mogelijk reductieve van een psychoanalytische of psychoanalytisch getinte lectuur op zich. Het gaat erom dat Westerlinck ook binnen dat type van lectuur de hele psychische samenhang van *Azuren holte* beperkt tot het masochisme. Hij heeft bijvoorbeeld geen oog voor de bijzonder sterke orale fixatie, noch voor de narcistische zelfverheffing.

[7] Beurskens verwijst in zijn artikel niet naar een vroegere analyse van 'Een kus in Ter Kameren' door Jan de Piere (1975). Een vergelijking tussen beide commentaren op het gedicht biedt een boeiend contrast tussen de strategieën van een klassieke *close-reading* en die van een — laten we gemakshalve zeggen — 'postmoderne' lectuur. Op grond van dezelfde analytische vaststellingen wordt door De Piere een grote mate van geslotenheid geponeerd en door Beurskens een onherleidbare openheid.

[8] In De Coninck (1996) voor de eerste keer toch een kritisch geluid, nota bene van de zijde van een van de bloemlezers: „Bij nader inzien is zijn voorlaatste gedichtenreeksje 'Zonsondergang' een stuk beter [dan 'Een kus in Ter Kameren']." Een overzicht van het weinige dat over de cyclus 'Zonsondergang' is geschreven in Schoolmeesters (1987:47). Daaraan kan nog worden toegevoegd Schoolmeesters (1992b).

[9] Vergelijkbare vragen reeds in Schoolmeesters (1980a:278-279). De aanwezigheid of invloed van Teilhard de Chardin bij De Haes is nooit diepgaand aan de teksten getoetst. Er wordt eerder geponeerd, zonder veel tekstuele onderbouwing. De verwijzingen naar Teilhard beginnen bij Bernard Kemp — op de achterzijde van *Azuren holte* —, zijn aan te treffen in een aantal lezingen van De Haes over eigen werk en worden overgenomen door invloedrijke critici als Westerlinck en Spillebeen. Daarna gaan ze een eigen leven leiden. Pikant is wel hoe De Haes in 1966 na een lezing over eigen werk waarin hij naar Teilhard verwees, door kritische vragen in het nauw gedreven, terugvalt op de invloed van Baudelaire en Rimbaud eerder dan van Teilhard. Een verslag van wat een nogal heftige discussie moet zijn geweest in R.R. (1966).

[10] Ook in de bundels *Gedaanten* en *Azuren holte* op zich is heel wat ironie aan te treffen. De enige die ooit daarop wees, is M.J.G. de Jong (1966:120): „Het op zich zelf staande gedicht 'Anekdote' is een pastiche, of een spottende ontmaskering. Het herhaalt en degradeert wat er elders in deze bundel plaatsvindt in een indrukwekkende cyclus, die de dichter 'Delphi' noemde."

Literatuuropgave

Adams, Wilfried (1987a), 'Jos de Haes indachtig'. In: *Yang*, jg. 23, nr. 132, januari-februari-maart 1987, p. 61.

Adams, Wilfried (1987b), 'Mengelwerk'. In: *Diogenes*, jg. 4, nr. 3, [1987], pp. 269-271.

Aerts, J.J. (1978), 'Het poëtisch wereldbeeld van Jos de Haes'. In: J.J. Aerts, *Verwondering en rekenschap. Opstellen over Nederlandse letterkunde.* Leuven 1978, Universitaire Pers Leuven, pp. 229-255.

Barnard, Benno (1989), 'Een kus in Brussel'. In: *Meulenhoffs Dagkalender 1989.* Amsterdam 1989, Meulenhoff, woensdag 1 maart.

Beurskens, Huub (1986), 'Een kus in Ter Kameren. Bij een gedicht van Jos de Haes'. In: *De Gids*, jg. 149, nr. 5, augustus 1986, pp. 359-364.

Beurskens, Huub en Stefan Hertmans (1988), *Een kus in Ter Kameren.* Baarn 1988, Atalanta Pers.

Brems, Hugo (1985), 'Westerlinck als criticus van de Vlaamse jongerenpoëzie'. In: *Dietsche Warande & Belfort*, jg. 130, nr. 4-5, mei-juni 1985, pp. 329-338.

Brems, Hugo (1987), 'Vlaamse poëzie 1986-1987'. In: *Jaarboek Vlaamse literatuur 1987.* Brussel 1987, Grammens, pp. 53-70.

Brems, Hugo (1993), 'En het zong'. In: *Dietsche Warande & Belfort*, jg. 138, nr. 3, juni 1993, pp. 392-398.

Brems, Hugo en Ad Zuiderent (1992), *Hedendaagse Nederlandstalige dichters.* Rekkem 1992, Stichting Ons Erfdeel.

Coninck, Herman de (1996), 'In pandjesjas, de degen schuin'. In: *De Morgen*, 5 januari 1996.

Geest, Dirk de (1995), 'Van actualiteit tot geschiedenis, van kroniek tot archief. Gedichten 1965 - Gedichten 1994'. In: Dirk de Geest, *Dichter in de bloemen. Gedichten 1965 - Gedichten 1995.* Leuven 1995, Davidsfonds/Clauwaert, pp. 91-107.

Haes, Jos de (1954), *Gedaanten.* Amsterdam/Brussel 1954, Elsevier.

Haes, Jos de (1964), *Azuren holte.* Brugge/Utrecht 1964, Desclée de Brouwer.

Haes, Jos de (1975), 'Over eigen gedichten'. In: *Dietsche Warande & Belfort*, jg. 120, nr. 4, mei 1975, pp. 275-284.

Haes, Jos de (1986), *Verzamelde gedichten.* Antwerpen 1986, Manteau.

Jong, M.J.G. de (1966), 'Het offer der evolutie'. In: M.J.G. de Jong, *Twintig poëziekritieken.* Leiden 1966, Sijthoff, pp. 119-126 en 151-152.

Lissens, R.F. (1967), *De Vlaamse letterkunde van 1780 tot heden.* Vierde, herziene druk. Brussel/Amsterdam 1967, Elsevier.

Mekka (1994), *Mekka. Jaarboek voor lezers 1994.* Redactie Peter Nijssen & Josje Kraamer. Amsterdam/Antwerpen 1994, Nijgh & Van Ditmar/Dedalus.

Moerman, Josien (1984), *Lexicon Nederlandstalige auteurs.* Utrecht/Antwerpen 1984, Het Spectrum.

Nolens, Leonard (1990), 'Zijn naam is Jos de Haes'. In: *Vrij Nederland*, 8 september 1990.

Note, Joris (1986), 'Stand der letteren'. In: *De Nieuwe Maand*, jg. 29. nr. [7], september 1986, pp. 35-53.

Pay, Luc (1989), 'Interview met Wilfried Adams. „Kuisheid is je leren beheersen in je gedichten"'. In: *Poëziekrant*, jg. 13, nr. 4, juli-augustus 1989, pp. 2-6.

Perre, Rudolf van de (1982), *Er is nog olie in de lamp der taal. Een overzicht van de hedendaagse poëzie in Vlaanderen (1945-1981).* Beveren/Nijmegen 1982, Orbis en Orion/Gottmer.

Perre, Rudolf van de (1990), 'De klassieke oudheid en de neo-classici in de Vlaamse poëzie'. In: *Vlaanderen*, jg. 39, nr. 2, maart-april 1990, pp. 106-109.

Piere, Jan de (1975), 'Het kan niet dat ik. Een lectuur van Jos de Haes 'Een kus in Ter Kameren"'. In: *Streven*, jg. 42, nr. 7, april 1975, pp. 614-620.

R.R. (1966), 'Debat rond een bekroonde dichtbundel. „Azuren holte" van Jos de Haes'. In: *De Nieuwe Dag*, 3 november 1966.

Rens, Lieven (1975), 'Spiraal naar Jos de Haes'. In: *Kritisch Akkoord 1975. Een keuze uit in 1974 verschenen essays in Noord- en Zuidnederlandse tijdschriften samengesteld door Hendrik van Gorp, Martin Hartkamp, Bernard Kemp en Jan van der Vegt.* Brussel/Den Haag 1975, Manteau, pp. 60-89.

Schoolmeesters, Jan (1980a), 'Azuren holte of het maniërisme van Jos de Haes'. In: *Dietsche Warande & Belfort*, jg. 125, nr. 4, mei 1980, pp. 261-280.

Schoolmeesters, Jan (1980b), 'Jos de Haes'. In: *Kritisch lexicon van de moderne Nederlandstalige literatuur*. Houten/Groningen 1980, Bohn Stafleu Van Loghum/Martinus Nijhoff.

Schoolmeesters, Jan (1987), '„Want de dingen hebben geen maat". Over de gedichten van Jos de Haes'. In: *Kruispunt*, jg. 26, nr. 108, juni 1987, pp. 43-47.

Schoolmeesters, Jan (1992a), 'Jos de Haes. Azuren holte'. In: *Lexicon van literaire werken*. Groningen 1992, Wolters-Noordhoff.

Schoolmeesters, Jan (1992b), 'Gedicht geopend. Zonsondergang'. In: *Dietsche Warande & Belfort*, jg.137, nr. 2, april 1992, pp. 217-219.

Schutter, Dirk de (1994), 'Genealogie'. In: *Filosofie Magazine*, jg. 3, nr. 2, februari-maart 1994, p. 27.

Spillebeen, Willy (1966), *Jos de Haes*. [Brugge] 1966, Desclée de Brouwer.

Spillebeen, Willy (1987), 'Jos de Haes'. In: *Jaarboek Vlaamse literatuur 1987*. Brussel 1987, Grammens, pp. 109-151.

Spinoy, Erik (1992), 'Paul van Ostaijen. De derde reus'. In: Dirk de Geest en Marc van Vaeck (red.), *Brekende spiegels. Beeldveranderingen in de Nederlandse literatuur*. Leuven 1992, Peeters, pp. 143-159.

Vervoort, John (1994), 'Huub Beurskens. Poëzie ontstaat in de ruimte tussen de woorden'. In: *Poëziekrant*, jg. 18, nr. 2, maart-april 1994, pp. 4-9.

Westerlinck, Albert (1954), 'Poëzie van Jos de Haes'. In: *Dietsche Warande & Belfort*, jg. 54, nr. 10, december 1954, pp. 630-632.

Westerlinck, Albert (1965a), 'Een visie op Paul van Ostaijen. Van het maniërisme naar een zuiverheid'. In: Albert Westerlinck, *Wandelen al peinzend*. Hasselt 1965, Heideland, pp. 169-228.

Westerlinck, Albert (1965b), 'Het poëtisch wereldbeeld van Jos de Haes'. In: *Dietsche Warande & Belfort*, jg. 110, nr. 2, februari 1965, pp. 126-143.

Westerlinck, Albert (1973), 'Over de 'experimentele poëzie'. Aantekeningen van een toeschouwer'. In: Albert Westerlinck, *Musica humana. Verzamelde opstellen*. Vierde reeks. Leuven 1973, Davidsfonds, pp. 64-77.

Wispelaere, Paul de (1987), 'Albert Westerlinck als criticus: een potloodschets'. In: *De Vlaamse Gids*, jg. 71, nr. 1, januari-februari 1987, pp. 38-43.

Zuiderent, Ad (1986), 'Jos de Haes, een Nederlands dichter?' In: Jos de Haes, *Verzamelde gedichten*. Antwerpen 1986, Manteau, pp. 5-13.